BIBLIOTHÈQUE D'ÉTUDES SOCIALISTES
III

KARL KAUTSKY

La lutte des classes en France en 1789

TRADUIT PAR

ÉDOUARD BERTH

PARIS
LIBRAIRIE G. JACQUES & Cie
1, RUE CASIMIR-DELAVIGNE, 1
1901

BIBLIOTHÈQUE D'ÉTUDES SOCIALISTES
III

KARL KAUTSKY

La lutte des classes en France en 1789

TRADUIT PAR

ÉDOUARD BERTH

PARIS

LIBRAIRIE G. JACQUES & Cie

1, RUE CASIMIR-DELAVIGNE, 1

1901

La lutte des classes en France en 1789

I

INTRODUCTION

Il y a eu cent ans (1), le 17 juin 1789, que les députés du Tiers, aux Etats généraux, cédant à l'effervescence révolutionnaire qui emportait le pays tout entier, se constituèrent en Assemblée nationale et accomplirent cette gigantesque catastrophe sociale que, par excellence, nous appelons la grande Révolution.

Si vastes qu'aient été les espérances soulevées par ce mouvement révolutionnaire, l'événement les dépassa encore. L'édifice féodal, qui paraissait si solide, s'écroula comme un château de cartes sous l'assaut populaire ; en l'espace de quelques mois, tous les liens qui avaient enserré la France et l'avaient presque étouffée, furent brisés, et le capitalisme, tel un jeune géant, se conquit l'air et la lumière et tous les moyens de développement. Toute résistance céda, devant l'enthou-

(1) C'était au centenaire de la grande Révolution que cet écrit fut publié en allemand.

siasme du peuple affranchi ; la France, qui était devenue, sous l'ancien régime, la risée de l'Europe, opposait maintenant une force victorieuse à l'assaut des monarchies européennes coalisées, unies à la contre-Révolution intérieure. Et bientôt le drapeau de la Révolution devait flotter triomphalement sur tout le continent.

Il est vrai que, d'un autre côté, bien des espérances qu'avaient conçues les hommes de la Révolution apparurent comme de simples illusions. Malgré l'abolition des privilèges féodaux, le règne de l'égalité et de la fraternité n'était pas venu ; de nouveaux antagonismes de classes éclatèrent, de nouvelles luttes politiques, de nouvelles révolutions. La misère ne diminua pas, le Prolétariat s'accrut, en même temps se développa l'exploitation des classes laborieuses. L'Etat et la société, issus de la Révolution, ne répondaient ni à l'idéal de Montesquieu, ni à l'idéal de J.-J. Rousseau. L'idée fut vaincue par la réalité.

On peut considérer un événement historique comme la Révolution, sous des aspects si multiples, que tous les partis, — ceux qui veulent la glorifier et la magnifier, comme ceux qui n'ont pour elle que railleries et sarcasmes, — y trouvent de quoi légitimer, chacun, leur propre point de vue.

Veut-on se placer au point de vue moral, rien de plus facile, non plus, que de faire servir la Révolution à des buts de parti. Une catastrophe comme la Révolution exalte les passions au plus haut degré : dans chacun des partis en lutte on trouve des exemples des vertus les plus admirables, d'un héroïsme et d'un désintéressement sans égal, comme aussi des exemples de bassesse, de cruauté, de lâcheté, de cupidité. Adversaires et amis de la Révolution peuvent se donner le plaisir très facile de se renvoyer les uns aux autres le bon et le mauvais.

Si étrange que soit une telle manière d'écrire l'histoire, peu d'historiens de la Révolution française ont su cependant s'en départir. Et c'est tout à fait naturel. Les antagonismes, dont la Révolution fut l'explosion, ne sont pas encore pleinement dépassés ; et les nouveaux antagonismes qu'elle fit naître, n'ont fait depuis que prendre une forme chaque jour plus aiguë et plus grandiose. Il n'y a aucun parti moderne qui, par la tradition ou la sympathie, par l'analogie des situations ou des desseins, n'ait quelque parenté avec un parti de la Révolution et ne soit par conséquent disposé à ménager ce que ses adversaires jugent précisément avec le plus de sévérité.

La Révolution française a cependant donné lieu à une conception de l'histoire, qui rend possible une étude objective de tous les phénomènes historiques : elle cherche, en effet, le ressort du devenir historique, non dans la volonté des hommes, mais, en dernière instance, dans l'action de l'économie, qui, au moins sous le système de la production marchande, loin de dépendre de la volonté des hommes, les domine et leur passe, pour ainsi dire, par-dessus la tête.

Les historiens de la Révolution la représentaient comme l'œuvre des philosophes, des Voltaire et des Rousseau, et des orateurs de l'Assemblée nationale, des Mirabeau et des Robespierre, mais il était impossible pour eux de ne pas remarquer que le conflit, dont la Révolution est l'aboutissant, avait sa source dans l'antagonisme des deux premiers ordres avec le Tiers, et de ne pas voir que cet antagonisme n'était nullement passager, accidentel, qu'il s'était déjà produit aux Etats de 1614 et auparavant, qu'il avait été un facteur essentiel du développement historique, en particulier de l'affermissement du pouvoir absolu des rois, et qu'en définitive ce conflit avait ses racines dans la structure économique.

Mais, dans la plupart des exposés de la Révolution, la lutte des classes apparaissait et apparaît encore, non comme le ressort de tout le bouleversement social, mais comme un épisode s'intercalant entre les luttes des philosophes, des orateurs et des hommes d'État, comme si celles-ci n'étaient pas la conséquence nécessaire de celle-là ! Il fallut un puissant effort intellectuel, pour que ce qui apparaissait comme épisodique fût reconnu le ressort non seulement de toute la Révolution, mais de tout le devenir historique.

La conception matérialiste de l'histoire, ainsi formée, est encore aujourd'hui vivement contestée. L'idée que la Révolution française a été le résultat d'une lutte de classes entre le Tiers-État et les deux premiers ordres, est au contraire depuis longtemps universellement admise ; elle a cessé d'être une simple théorie, elle est devenue tout à fait populaire, en particulier parmi la classe ouvrière allemande. Le devoir des partisans de cette théorie consiste moins aujourd'hui à la défendre qu'à la garder de toute mesquine interprétation.

On n'est que trop disposé, lorsqu'on ramène le devenir historique à une lutte de classes, à ne voir dans la société que deux camps, deux classes en lutte, deux masses compactes, homogènes, la masse révolutionnaire et la masse réactionnaire, celle qui est en bas, celle qui est en haut. A ce compte, rien de plus aisé que d'écrire l'histoire. Mais, en réalité, les rapports sociaux ne sont pas aussi simples. La société est et devient chaque jour davantage un organisme extraordinairement complexe, avec des classes très diverses, ayant des intérêts très divergents, qui peuvent se grouper sous la bannière de partis multiples.

Et ce qui est vrai pour le présent, l'est aussi pour le temps de la Révolution. A jeter un coup d'œil sur la situation respective des classes il y a cent ans, mainte expression du vocabulaire politique moderne s'éclaircira : ce n'est donc pas là un travail dénué d'actualité.

II

LA MONARCHIE ABSOLUE

Avant de considérer les antagonismes de classes en 1789, il nous paraît tout indiqué de jeter un regard sur la forme politique, au sein de laquelle ils se sont développés. La forme politique détermine la manière par laquelle les classes cherchent à faire valoir leurs intérêts ; elle détermine, en un mot, les modalités de la lutte des classes.

La forme politique en France, de 1614 à 1789, ce fut l'absolutisme royal ; cette forme d'État exclut, dans le cours normal de la vie sociale, toute lutte de classes intensive, puisqu'elle s'oppose à toute activité politique des « sujets » ; elle est donc à la longue incompatible avec la société moderne. Une lutte de classes doit aboutir à une lutte politique : toute classe qui monte doit, si elle n'a pas de droits politiques, lutter pour les conquérir. Et ces droits une fois conquis, les luttes politiques sont loin de cesser : elles ne font, au contraire, que commencer, — vérité dont, en 1789 comme plus tard en 1848, beaucoup d'idéologues se montrèrent surpris et effrayés.

L'absolutisme — c'est-à-dire l'indépendance par rapport aux classes dominantes, forme politique dans laquelle la puissance publique n'est pas directement un instrument de règne pour une classe, mais où l'Etat paraît avoir une existence indépendante, transcendante aux partis et aux classes — ne peut s'établir que là où toutes les classes — toutes celles qui comptent dans la vie sociale — se font équilibre, en sorte qu'aucune d'entre elles n'est assez forte pour s'emparer à son profit du pouvoir. L'Etat peut alors maintenir en échec toutes les classes les unes par les autres, leur imposer une trêve, et les faire servir toutes à sa domination.

Telle fut précisément la situation en France au XVIIe siècle. Le mode de production féodal était en décadence ; la noblesse et le clergé, dont la puissance reposait sur la propriété foncière, n'étaient plus capables de maintenir leur indépendance politique vis-à-vis de l'Etat, qui s'appuyait, lui, sur les puissances d'argent grandissantes. Ces deux ordres devinrent les serviteurs de la royauté, les soutiens de l'absolutisme. Une partie chaque jour plus grande de la noblesse vint à la cour, formant autour du roi une sorte de domesticité plus brillante, et le roi, en retour, lui assurait le bien-être matériel. La noblesse et avec elle le haut clergé cessèrent de s'opposer à l'absolutisme royal pour en devenir les plus fermes appuis.

La puissance de la royauté devint d'autant plus illimitée que les moyens de pouvoir, que le nouveau mode de production mettait entre ses mains, étaient plus grands. Au temps de la féodalité, toutes les communes dont se composait l'Etat, avaient été presque indépendantes les unes des autres au point de vue économique : elles produisaient elles-mêmes, en quantité suffisante, tout ce dont elles avaient besoin. Leur indépendance économique avait pour conséquence leur indépendance politique. La production marchande et le commerce mirent au contraire les différentes parties du pays dans la dépendance d'un ou de plusieurs centres économiques, et à la centralisation économique succéda la centralisation politique.

Aux organes de l'administration autonome des provinces et des communes, se substituèrent les organes de l'administration publique centralisée — une bureaucratie, qui chaque jour étendait son ressort, et, chaque jour mieux disciplinée, était de plus en plus dans la main du roi.

A côté de la bureaucratie, pour toute une série de causes, auxquelles la production marchande n'est pas non plus étrangère, mais qu'il serait trop long d'énumérer ici, se forma une armée permanente, complètement dépendante du roi, destinée à défendre le royaume contre les ennemis extérieurs, mais capable aussi de réprimer les révoltes armées à l'intérieur du pays.

Il fallait, à la vérité, pour entretenir ces institutions nouvelles, beaucoup d'argent, et l'Etat, en dernière analyse, se trouvait de ce fait dans la dépendance de la bourgeoisie capitaliste. Celle-ci refusait-elle l'impôt, ou posait-elle à son paiement certaines conditions, et réussissait-elle dans cette tentative, c'en était fait de l'absolutisme, de la pleine indépendance du gouvernement. Mais tant que cette classe, soit faiblesse encore, soit par intérêt, ne crut pas nécessaire cette résistance, les détenteurs de la puissance publique purent s'imaginer réellement que l'Etat devait servir leurs intérêts personnels.

L'Etat ne fut plus que le domaine royal, l'intérêt du roi se confondit avec l'intérêt de l'Etat. Plus l'Etat devenait riche et puissant, plus riche et plus puissant était le roi. Son devoir le plus important fut dès lors de pourvoir au bien-être matériel de ses sujets, comme le berger à celui des brebis qu'il veut tondre. Plus la bureaucratie remplaça les anciennes formes de l'administration féodale, plus ses interventions dans le domaine économique furent étendues et importantes, et plus l'Etat montra de zèle à protéger l'industrie, le commerce et l'agriculture, à écarter par des réformes, administratives ou autres, les obstacles qui s'opposaient à leur développement, et à favoriser les classes, qui produisaient la richesse, contre l'excessive oppression et l'épuisante exploitation des privilégiés ; en un mot, plus la monarchie devint absolue, et plus sa tendance à être « éclairée » fut grande.

Cet aspect de la monarchie au XVIIIe siècle est volontiers mis en relief par tous ceux qui veulent montrer, l'histoire en main, que la « monarchie sociale », la protection des faibles, le souci du bien-être matériel du peuple, ont été la « vocation naturelle » de la royauté ; vocation que le parlementarisme a malheureusement entravée, en substituant à un pouvoir transcendant aux partis la domination des partis, des intérêts privés.

Les gens qui raisonnent de la sorte, oublient deux choses : la première, c'est que l'intervention des rois au XVIIIe siècle dans la vie économique n'avait pas pour but la protection des faibles, mais les intérêts de la « richesse nationale », c'est-à-dire de la production marchande.

Ceux qu'on protégeait, en réalité, c'étaient les capitalistes : directement, par les douanes, les monopoles, les subventions ; indirectement, par des améliorations apportées à l'enseignement, l'abolition du servage, etc. Quant à la protection des faibles, si la « richesse nationale » n'y était pas intéressée, et par conséquent le revenu de l'État, c'était la moindre des préoccupations royales. Les gouvernants du siècle dernier ne se souciaient du prolétariat, des ouvriers et des gueux, que pour les maintenir en bride par des mesures de police. Et l'on ne songeait à protéger les paysans ou les artisans que si leur solvabilité en fait d'impôts venait en question.

La « protection des faibles » n'avait en réalité d'autre but que de favoriser la classe dont l'Etat, sinon encore politiquement, du moins dans une large mesure économiquement, était dépendant, c'est-à-dire la bourgeoisie.

Mais les impôts n'étaient pas la seule source de revenus pour les rois du siècle dernier : ils avaient encore leurs terres, et c'est par là que la royauté gardait des traces de son origine féodale. Le roi était, en général (l'Eglise étant mise de côté), le plus grand propriétaire foncier du royaume, surtout en France.

« Nous ne savons pas exactement comment la propriété en 1789 était partagée, écrit Léonce de Lavergne, nous savons seulement que les domaines royaux, ainsi qu'on s'accorde à le dire, couvraient, de même que les biens des communautés, un cinquième du sol de la France (1) » On peut estimer quelle extension énorme ils avaient prise, si l'on songe que les forêts royales, à elles seules, s'étendaient sur un million d'arpents — domaine comparable en étendue au grand-duché d'Oldenbourg.

Et il faut ajouter encore les biens des princes de la famille royale, qui, d'après Necker, occupaient un septième de la France.

(1) Léonce de Lavergne, *Economie rurale de la France depuis 1789*, Paris, 1866, p. 49.

Or, comme propriétaire de domaines féodaux, le roi avait d'autres intérêts que comme propriétaire de l'Etat. Seigneur féodal lui-même, dont tous les seigneurs étaient les cousins et les « bons amis », il avait toute raison de maintenir résolument l'exploitation féodale, les privilèges féodaux, et de s'opposer aux réformes qui auraient pu les compromettre. Comme chef de la féodalité, son devoir n'était pas de favoriser le bien-être matériel de ses sujets, mais de leur soutirer le plus de revenus possibles, pour les dépenser dans son propre intérêt, dans l'intérêt de sa cour, de la noblesse devenue noblesse de cour. Etant le premier parmi les privilégiés, il ne cherchait pas à donner à l'Etat comme but la protection des faibles, c'est-à-dire des non-privilégiés, contre les forts, les privilégiés, mais au contraire la répression de toute tentative des faibles pour résister aux forts.

C'est ainsi que la monarchie du XVIIIe siècle avait deux âmes, l'une « éclairée », l'autre « prisonnière des préjugés du sombre moyen âge ». Or, à mesure que le régime féodal tombait en décadence et que se développait le capitalisme, à mesure que la noblesse et la bourgeoisie se contrebalançaient chaque jour davantage, la royauté pouvait bien les dominer toutes deux, mais ce n'était que d'une manière toute formelle : en réalité elle devait servir les intérêts de l'une et de l'autre. Et l'absolutisme fut si bien le « protecteur des faibles contre les forts », que le résultat de ses interventions dans la vie économique fut de soumettre les classes inférieures non seulement à l'exploitation féodale, mais encore à l'exploitation capitaliste, si bien qu'à la fin il parut incarner l'exploitation elle-même.

Mais les intérêts de la noblesse et de la bourgeoisie étaient trop opposés pour que la monarchie absolue pût pleinement les satisfaire toutes deux. Elle ne pouvait apaiser la noblesse sans sacrifier la bourgeoisie, et réciproquement.

Les luttes entre ces deux classes ne cessèrent jamais entièrement sous la monarchie absolue; mais aussi longtemps que l'équilibre se maintint, aussi longtemps que la bourgeoisie ne se sentit pas de force à mettre l'Etat au service de ses intérêts, la lutte entre la noblesse et la bourgeoisie revêtit surtout la forme de brigues entre coteries pour obtenir la faveur royale ; et naturellement ceux-là seulement y pouvaient participer qui se trouvaient au sommet de la société : noblesse de cour, hauts dignitaires de l'Eglise, haute finance, représentants les plus en vue de la bureaucratie et de la bourgeoisie intellectuelle, etc. Le roi se tenait aussi peu au-dessus des partis qu'il ne s'y tient dans le régime parlementaire. La seule différence, c'est que dans le régime absolutiste les intérêts, dont le roi se fait l'instrument, sont beaucoup plus mesquins, et plus mesquines aussi les machinations et les intrigues par lesquelles on gagne sa faveur.

Si l'on considère ces luttes et ces intrigues autour du roi, partagé entre des cliques comme autrefois le corps de Patrocle entre les Troyens et les Achéens, si l'on considère cette « âme double » de la monarchie du siècle dernier, le roi étant à la fois le chef de l'administration d'un Etat moderne et le chef de la féodalité, on conçoit qu'il fallût au roi un esprit d'une clarté et un caractère d'une fermeté particulières pour maintenir quelque unité dans le gouvernement. La confusion devait devenir inextricable, lorsque l'Etat tombait entre les mains d'un prince sans caractère. Or, tel fut précisément Louis XVI. Et ce prince eut le malheur d'avoir pour femme Marie-Antoinette, de caractère tout opposé ; son arrogance, jointe à une obstination mutine, lui furent funestes. Marie-Antoinette n'avait aucun soupçon qu'il existât d'autres intérêts que ceux de la cour. A ses yeux, la royauté n'avait qu'un devoir, amuser la cour et la pourvoir d'argent.

Nous allons voir ce que cela signifiait.

III

NOBLESSE ET CLERGÉ

La noblesse et le clergé ne constituaient qu'une petite partie de la nation (1) : et pourtant, ce n'était qu'une partie entre eux — et non la plus grande — qui menait au XVIIIe siècle cette vie de faste et de luxe, dont l'éclat et les folles prodigalités caractérisent la société des privilégiés avant la Révolution. Il n'y avait que l'élite de la noblesse et du clergé, les seigneurs qui possédaient de vastes domaines, qui pouvaient se permettre ce luxe et ces prodigalités, et rivaliser entre eux par l'éclat de leurs salons, la splendeur de leurs fêtes et la magnificence de leurs demeures : c'était la seule rivalité, d'ailleurs, dont

(1) Taine estimait le nombre des nobles et des « clercs » à environ 270.000. Pour la noblesse, il compte 25 à 30.000 familles, avec 140.000 membres ; pour le clergé, 130.000 membres, parmi lesquels 60.000 curés et vicaires, 23.000 moines, et 37.000 nonnes.

(Taine, *Les origines de la France contemporaine*, I, 17, 527.)

la noblesse fût encore capable. Il y avait longtemps que les nobles étaient devenus trop paresseux et trop veules pour rivaliser dans les domaines où les capacités et les efforts personnels auraient décidé de la victoire. C'était à qui dépenserait le plus et paraîtrait avoir le plus de revenus, rivalité bien en accord avec le caractère de la production marchande. Mais la noblesse ne s'était pas encore adaptée au nouveau mode de production, aussi bien que l'est la noblesse de nos jours. Elle savait bien dépenser son argent, mais elle ne s'entendait pas encore, comme les nobles d'aujourd'hui, à augmenter ses revenus par le commerce de laine, de blé, d'eau-de-vie, etc. Réduite à ses revenus féodaux, la noblesse s'endettait rapidement. Et si c'était déjà le cas pour la haute noblesse, que dire de la moyenne et de la petite noblesse ! Il y avait de nombreuses familles nobles qui ne tiraient pas plus de 50, voire 25 livres, comme revenu annuel, de leur fonds ! Plus leur situation devenait précaire, et plus exigeants, plus impitoyables ils étaient pour leurs paysans. Mais cela donnait peu. Des emprunts ne leur procuraient qu'une aide passagère, la misère n'en était ensuite que plus pressante. Seul l'Etat pouvait, dans cette détresse, être de quelque secours : l'exploiter devint de plus en plus l'occupation principale de la noblesse. Elle faisait sa proie de toutes les fonctions rémunératrices que le roi avait à donner. Et comme le nombre des ruinés ou de ceux que menaçait la ruine croissait d'année en année, croissait aussi le nombre de ces fonctions ; on finit par trouver les prétextes les plus risibles pour concéder à la noblesse besogneuse un droit à l'exploitation de l'Etat. Et naturellement, à côté de cette noblesse besogneuse, la haute noblesse, puissante, endettée et avide, ne se laissait pas oublier.

Les charges à la cour étaient parmi les sinécures les plus recherchées. Les mieux payées de toutes, elles n'exigeaient pour leur accomplissement que peu de savoir et de peine, et elles menaient directement à la source de toutes les faveurs et de tous les plaisirs. 15.000 personnes étaient occupées à la cour, la plupart n'y étaient que pour obtenir un titre lucratif. Un dixième des revenus de l'Etat, plus de 40 millions de livres (cela vaudrait aujourd'hui environ 100 millions), était consacré à l'entretien de cette foule parasite.

Mais ces charges ne suffisaient pas à la noblesse. Dans l'administration publique, il y avait différentes sortes de fonctions : les unes exigeaient une certaine préparation et beaucoup de travail, c'étaient les moins rémunérées, et sur elles retombait tout le poids de l'administration, aussi les laissait-on à des bourgeois ; mais les autres, où il ne fallait que « représenter » et dont les titulaires n'avaient pour toute mission que de s'amuser, eux et leurs pareils, sans compter qu'elles étaient largement dotées, la noblesse se les réservait (1).

Pour les places d'officiers dans l'armée, on avait d'abord tenu compte, avant tout, du mérite. Sous Louis XIV, on trouvait dans l'armée autant d'officiers bourgeois que de nobles. Ceux-ci n'avaient la préférence qu'en temps de paix. Mais à mesure que l'avidité de la noblesse pour les fonctions s'accrut, elle chercha à se faire réserver les plus hautes places dans l'armée. Les grades inférieurs, où le service était le plus dur, furent abandonnés à la « canaille ». Mais les places, bien payées, et qui ne demandaient, surtout en temps de paix, que peu de travail et de savoir, devinrent le privilège de la noblesse. Les officiers coûtaient par an 46 millions de livres : le reste de l'armée devait se contenter avec 44 millions. Plus la noblesse s'endettait, et plus elle veillait avec anxiété sur ce privilège. Peu d'années avant la Révolution (1781), un édit royal parut, qui réservait les places d'officiers à la vieille noblesse. Quiconque voulait devenir officier ne devait pas justifier de moins de

(1) D'après une ordonnance de 1776, voici quelles étaient ces places : 18 gouvernements généraux de province, avec un traitement de 60.000 livres ; 21 à 30.000 livres ; 114 gouvernements, avec 8-12.000 livres ; 176 lieutenances de ville, avec 2.000-16.000 livres ; en 1781 on créa encore 17 places de commandants supérieurs des villes, avec un revenu fixe de 20-30.000 livres et une indemnité mensuelle de logement de 4-6.000 livres. Et il y avait aussi des places de commandants inférieurs.

quatre quartiers de noblesse, par ascendance masculine. Ainsi, non seulement la bourgeoisie, mais toute la noblesse dont les titres ne dataient que d'un siècle, étaient exclues des hauts grades de l'armée.

Dans l'Eglise, les places les plus élevées, les mieux rémunérées, étaient expressément réservées à la noblesse, soit qu'elles le fussent de fondation, soit que le roi, lorsqu'il y pourvut, n'y laissât plus accéder que des nobles. Ce privilège de la noblesse aux places bien dotées fut même déterminé d'une manière expresse peu de temps avant la Révolution, bien que la chose n'ait pas été rendue publique. Les 1500 riches bénéfices dont le roi disposait, échurent exclusivement à la noblesse, tout comme les places d'archevêque et d'évêque. Et c'étaient là de jolis petits postes grassement payés. Les 131 archevêques et évêques de France touchaient ensemble un revenu annuel de plus de 14 millions de livres, plus de 100.000 livres par tête. Le cardinal de Rohan, archevêque de Strasbourg, se faisait, comme prince de l'Eglise, plus de 1 million de livres par an ! On comprend que ce pasteur des âmes pût se payer le luxe d'acheter un collier de diamant de 1.400.000 livres, dans l'espoir de se concilier la faveur de la reine Marie-Antoinette.

Mais toutes ces places, si richement dotées, dans l'Eglise, l'armée et l'administration et à la cour, ne suffisaient pas encore à l'avidité de la noblesse endettée. Elle assiégeait le roi pour en obtenir des dons extraordinaires : ici, c'était un noble aux abois à tirer de ses embarras d'argent, là le caprice d'un haut seigneur ou d'une grande dame à satisfaire. Rien que de 1774 à 1789, 228 millions de livres furent dépensés, sur la caisse du Trésor public, en pensions, dons, etc., et sur ces 228 millions, 80 échurent à la famille royale. Les deux frères du roi acquirent de cette manière chacun 14 millions. Le ministre des finances Calonne, peu d'années avant la Révolution, alors que le déficit dans le budget de l'Etat était énorme, achetait pour la reine le château de Saint-Cloud, 15 millions, et pour le roi celui de Rambouillet, 14 millions. Car le roi ne se considérait pas seulement comme le chef de l'Etat, mais aussi comme le premier seigneur de France, et il ne se faisait aucun scrupule de s'enrichir, comme tel, aux frais de l'Etat.

La famille Polignac, qui jouissait de la faveur particulière de Marie-Antoinette, se fit à elle seule, en pensions, un revenu de 700.000 livres. Le duc de Polignac obtint une rente viagère de 120.000 livres et un présent de 1.200.000 livres pour l'achat d'un domaine.

Nous n'avons vu jusqu'ici dans la noblesse que l'organisation d'un pillage de l'Etat et du peuple. La présenter sous ce seul jour serait cependant inexact. Une partie considérable de la noblesse — mais toujours une minorité — non seulement ne participait pas à ce pillage, mais s'élevait contre lui avec la plus vive indignation. C'était la petite et moyenne noblesse des provinces restées en retard au point de vue économique et où l'économie féodale fleurissait encore, comme dans une partie de la Bretagne et comme en Vendée. Là les seigneurs restaient dans leurs châteaux, suivant l'antique usage, au lieu de se rendre à Paris et à Versailles; vivant au milieu de leurs paysans, n'étant guère eux-mêmes que des paysans un peu mieux élevés, rudes et sans culture, mais pleins de force et de fierté, leurs besoins, qui se limitaient à bien boire et bien manger, étaient facilement satisfaits par les dons en nature de leurs vassaux. Sans dettes, ne faisant pas de dépenses luxueuses, ils n'avaient aucune raison d'accroître les prestations qui leur étaient dues ni de les percevoir avec rigueur. Ils étaient en bons termes avec leurs paysans. A vivre ensemble, dans des conditions analogues il naît une certaine sympathie. Et le seigneur, dans ces provinces reculées, n'était pas, comme ailleurs, un exploiteur inutile et parasite. Dans les provinces plus avancées, la bureaucratie royale avait peu à peu repris toutes les fonctions administratives, judiciaires et de police, que le seigneur autrefois exerçait. Ce qui lui en était resté, importait peu pour l'ordre et la sécurité de son domaine : d'un moyen d'en garantir le bon état, il en avait fait un moyen d'exploitation. Les fonctionnaires chargés de la justice et de la police, sur les terres seigneuriales, ne recevaient pas de traitement; ils devaient au contraire payer leur place, et achetaient ainsi le droit de « plumer » les subordonnés de leur maître.

Il en était autrement dans les vieilles contrées féodales. Le seigneur y administrait encore son bien, s'occupait des routes, assurait la sécurité, tranchait les litiges entre ses paysans, punissait les crimes et les délits. Il exerçait même encore parfois l'antique fonction de protecteur contre l'ennemi du dehors. Et cet ennemi, à la vérité, ce n'étaient pas des armées étrangères, mais les percepteurs d'impôts du roi, qui se montraient de temps en temps en ces contrées, pour les piller : on a des exemples de percepteurs chassés par le seigneur, lorsqu'ils se livraient à des exactions trop grandes.

Ces nobles n'étaient nullement disposés à se soumettre sans condition à la puissance royale. La noblesse de cour, avec ses attaches dans l'armée, l'Eglise et la haute bureaucratie, avait toute raison pour soutenir l'absolutisme royal. Si les nobles, en tant que seigneurs féodaux, ne parvenaient pas à tout prendre au paysan, les fermiers généraux et les fonctionnaires du roi se chargeaient bien du reste, et plus grande et plus absolue était la puissance royale, mieux ils y réussissaient. Plus l'absolutisme était illimité, plus arbitrairement et plus impitoyablement on pouvait serrer la vis des impôts, et plus le roi pouvait distraire du trésor public des dons pour ses créatures.

Mais cela n'intéressait pas le « hobereau ». Des

faveurs de la cour, il ne lui venait rien, il n'en avait pas besoin. Au contraire, si la vis des impôts était serrée, ses vassaux s'appauvrissaient, et il perdait en crédit et en autorité ce que la bureaucratie royale, accaparant la puissance administrative, judiciaire et policière, gagnait en extension.

Les « hobereaux » ne se regardaient pas, tels que les courtisans, comme les laquais du roi, mais, selon le vieil esprit féodal, comme ses égaux. Pour eux, comme au temps de la féodalité, le roi était le plus grand seigneur parmi les seigneurs, le premier parmi des égaux, sans l'assentiment desquels il ne pouvait accomplir aucun changement dans l'Etat ; et vis-à-vis de la puissance royale, ils tâchaient de maintenir leurs libertés et leurs droits héréditaires, sans grand succès d'ailleurs. Et cette attitude leur semblait d'autant plus légitime qu'au fur et à mesure que les besoins de l'Etat croissaient, de nouveaux impôts étaient introduits, qui atteignaient aussi la noblesse, si bien qu'ils devaient contribuer aux charges publiques sans participer aux dons du gouvernement à la noblesse. Aussi réclamaient-ils des économies avec une vigueur chaque jour plus grande ; ils voulaient des réformes financières et le contrôle du budget par une Assemblée des Etats.

Nous voyons ainsi la noblesse partagée en deux fractions ennemies : d'un côté la noblesse de cour et sa suite, qui comprend toute la haute noblesse et la majorité de la moyenne et petite aristocratie, et qui est résolument pour le maintien de l'absolutisme royal ; de l'autre, la noblesse rurale, composée de la moyenne et petite noblesse des contrées arriérées, et qui réclame avec vivacité la convocation des Etats pour contrôler l'administration publique.

Si l'on jugeait les partis du passé, non d'après les intérêts de classe, qu'ils représentaient, mais d'après l'accord extérieur de leurs tendances avec les programmes politiques modernes, on devrait appeler « avancés » et « libéraux » ces éléments retardataires qui voulaient, de concert avec le Tiers-Etat, substituer à la monarchie absolue la monarchie parlementaire.

Et pourtant personne n'était plus opposé que ces « hobereaux » aux idées nouvelles et aux classes nouvelles. Le hobereau nourrissait contre le bourgeois la haine du paysan contre le citadin, de l'homme de l'économie naturelle contre l'homme d'argent, de l'ignorant contre l'homme cultivé, du noble contre le parvenu. Partout où il le rencontrait, — ce qui, à la vérité, n'arrivait pas souvent — il ne dissimulait pas le mépris où il le tenait.

Au contraire, la noblesse des villes et une partie de la bourgeoisie s'étaient vite rapprochées. Sans doute, l'aristocratie de cour ne regardait pas les petits bourgeois avec moins de dédain que le hobereau, et l'artisan pouvait se tenir pour très honoré, s'il avait à travailler pour un grand seigneur : quant à vouloir être payé de son travail, la prétention eût paru exorbitante. Mais les relations étaient tout autres avec ces Messieurs de la haute finance. Ceux-ci possédaient ce dont la noblesse avait tant besoin — de l'argent ; il dépendait d'eux, de leur bon plaisir, qu'elle fît banqueroute ou qu'elle prolongeât encore son existence. A peu de familles près, les aristocrates de la cour étaient tous les créanciers-esclaves de la haute finance, depuis le roi jusqu'au moindre page. On ne pouvait trop considérer de pareilles gens. Louis XIV, le fier « roi Soleil », salua un jour, à l'égal d'un prince, en présence de la cour, le Juif Samuel Bernard : ledit Juif, d'ailleurs, était soixante fois millionnaire ! Les serviteurs du roi devaient-ils se montrer plus fiers que leur maître ? La haute finance se rapprocha de plus en plus de la noblesse ; elle acheta des titres de noblesse et des biens-nobles. Et il y eut plus d'un noble assez heureux de redorer son blason par un mariage avec une riche héritière de l'aristocratie d'argent. On se consolait en disant que le meilleur champ a besoin d'être fumé de temps à autre. Depuis, la noblesse s'est passablement enfoncée dans le fumier ! — Les salons de la haute finance égalaient de plus en plus ceux de la noblesse, et ce qui ne contribua pas peu sans doute au rapprochement des deux classes, la même corruption y régnait. Les prostituées étaient aussi bien à vendre pour les viveurs du Tiers-Etat que pour les comtes, ducs et évêques. Dans la maison publique, les distinctions sociales tombent et la cour de France ressemblait furieusement à une maison publique. Nous avons vu plus haut comment un archevêque avait tenté d'acheter une reine avec des diamants.

Certains écrivains (Buckle, par ex.) ont vu dans ce mélange croissant des nobles et des gens de la finance un effet des « idées démocratiques » qui soi-disant agitaient tous les esprits avant la Révolution, à quelque classe qu'ils appartinssent. C'est dommage, qu'à la même époque précisément et pour pourvoir ces mêmes nobles « démocrates », on ait exigé quatre quartiers de noblesse pour être officier, déclaré les biens d'Eglise l'apanage exclusif de la noblesse et créé pour elle de nouvelles sinécures dans la bureaucratie. Ce n'étaient pas les idées démocratiques, mais les intérêts matériels qui, dans le temps même où s'affirmait le privilège exclusif de l'aristocratie aux fonctions publiques, atténuaient les distinctions extérieures entre la vieille noblesse foncière et la nouvelle noblesse d'argent.

Ce « manque de préjugés » des nobles de Paris, dans leurs relations sociales, était naturellement pour les « hobereaux » un sujet de scandale. Que dire de leur « manque de préjugés » pour ce qui concernait la morale et la religion ! Le noble qui vivait encore au sein de son vieux domaine féodal, restait fermement attaché aux idées, qui en étaient comme le reflet idéologique naturel, à la vieille religion de ses pères. Pour le noble parisien, au contraire, les restes de la féodalité n'étaient plus qu'un moyen d'exploiter les masses et de les maintenir en sujétion ; ses fonctions seigneuriales, dont il n'avait conservé que le titre et les revenus, n'avaient plus pour lui d'autre sens. C'est de ce point de vue qu'il considérait aussi la religion. Pour lui, qui vivait à Paris, loin de ses ruines féodales, elle avait perdu toute espèce de signification ; elle ne lui paraissait plus bonne, comme les restes de la féodalité, qu'à maintenir les masses en respect et qu'à les exploiter. Pour le « peuple ignorant », la religion lui semblait encore très nécessaire ; mais la noblesse « éclairée » pouvait s'en moquer.

Du même pas que la libre pensée dans les salons de la noblesse, allait la décadence des vieilles mœurs, qui avaient perdu leur base matérielle. Pour le seigneur resté féodal, la tenue de sa maison et la conduite de son épouse étaient de la plus haute importance ; sans une économie domestique régulière, tout le mécanisme de la production s'arrêtait. Un mariage solide, une sévère discipline familiale étaient une nécessité. Pour le courtisan, qui n'avait plus rien à faire qu'à s'amuser et qu'à dépenser de l'argent, mariage et famille étaient devenus surperflus, c'étaient là des « convenances sociales » gênantes, auxquelles on se soumettait en apparence, pour avoir des héritiers légitimes, mais auxquelles on était loin de se tenir rigoureusement. On sait trop comment les rois donnaient à la noblesse l'exemple de « l'amour libre » pour qu'il soit nécessaire d'insister là-dessus.

La noblesse des campagnes s'indignait naturellement autant de ce « manque de préjugés » de la noblesse des villes que de son pillage des finances publiques, et la noblesse des villes reprochait aux hobereaux leur rudesse, leur ignorance, et leur insubordination. Toutes deux nourrissaient l'une vis-à-vis de l'autre les dispositions les plus hostiles.

Mais, à côté de ces deux catégories de nobles, il y en avait d'autres encore, qui passaient franchement à l'ennemi et combattaient à fond le régime féodal. Dans les rangs, en particulier, de la petite noblesse, financièrement ruinée, il s'en trouvait beaucoup, qui n'aimant pas la carrière ecclésiastique ni la carrière des armes, mal en cour ou tombés en disgrâce, écœurés à la fois de la paresse des courtisans et de la grossièreté bornée des hobereaux, reconnaissant comme inéluctable la chute de l'Ancien Régime et pleins d'une pitié profonde pour la misère des masses, se rangeaient du côté du Tiers, s'associaient à la bourgeoisie intellectuelle, aux écrivains, aux pamphlétaires, aux journalistes, dont le crédit montait avec l'importance grandissante du Tiers-Etat. C'étaient les membres les plus intelligents, les plus énergiques, les plus intrépides, les plus résolus de l'aristocratie : ils vinrent d'abord au Tiers un à un, puis, lorsque sa victoire fut décisive, ils affluèrent en foule dans ses rangs, affaiblissant ainsi leur classe, dans le moment même où elle aurait eu besoin de concentrer toutes ses forces pour retarder au moins sa chute.

Dans le même temps, l'Eglise et l'armée, sur lesquelles l'Ancien Régime s'étayait, faisaient aussi défection.

Dans ces deux corps, nous l'avons vu, les plus hautes places étaient réservées à la noblesse ; c'est du Tiers-Etat que se recrutaient les officiers subalternes et les curés : machines sans volonté, n'ayant qu'à exécuter les ordres venus d'en haut, ils avaient chacun dans leur sphère le même devoir : opprimer les subordonnés. Et cependant, eux, que les classes régnantes transformaient ainsi en instruments de domination, ils appartenaient à la classe des exploités.

L'Eglise était colossalement riche. Elle possédait un cinquième du sol de la France, et les meilleures terres, les plus fertiles et les mieux cultivées, d'une valeur bien supérieure au reste. On peut estimer la valeur des biens du clergé à 4.000 millions de livres, leur revenu à 100 millions. En 1791, le député Amelot estimait la valeur des biens du clergé vendus ou à vendre, à 3.700 millions, non compris les forêts. La dîme rapportait d'ailleurs au clergé, par an, 123 millions. De ces revenus colossaux, sans compter encore la fortune mobilière des corporations ecclésiastiques, la part du lion revenait aux grands dignitaires et aux monastères. Les 399 Prémontrés estimaient leur revenu annuel à plus de 1 million ; les Bénédictins de Cluny, au nombre de 298, touchaient annuellement 1.800.000 livres ; ceux de Saint-Maur, au nombre de 1672 avaient un revenu net de 8 millions, sans compter ce qui revenait aux abbés et aux prieurs, lesquels touchaient tous les ans une somme à peu près équivalente. Les curés, par contre, vivaient dans l'état le plus lamentable, logeant dans de misérables cahutes, souvent presque indigents. Et c'était pourtant sur eux que retombait tout le poids des fonctions que l'Eglise en général avait gardées! Qu'ils appartinssent à un ordre privilégié, c'est ce dont ils ne se doutaient guère. Unis par des liens de famille avec le Tiers, sans espoir d'avancement, pauvres, accablés de travail, placés au milieu d'une population misérable, ils devaient prêcher à cette population le devoir d'obéissance absolue envers ces parasites, dont eux-mêmes ne recevaient, pour tout salaire, que des coups de pied ; ils devaient aider à l'exploitation d'un peuple, à qui l'on prenait jusqu'au dernier sou, à l'exploitation de leurs frères et de leurs pères, et cela, en faveur de débauchés arrogants, qui dépensaient avec des prostituées le produit du travail de milliers d'hommes.

Et les officiers subalternes de l'armée devaient-ils se laisser éternellement écorcher, sans salaire et sans espoir d'avancement, par les jeunes blancs-becs, et les jeunes freluquets de la noblesse, qui n'entendaient rien au service et s'en souciaient fort peu, du reste, tandis que sur eux, officiers inférieurs, retombait le travail le plus dur et le plus important ?

Plus les prétentions et l'avidité de la noblesse grandissaient, plus elle se réservait exclusivement les bonnes places dans l'armée et l'Eglise, plus les officiers inférieurs et les curés se rangeaient du côté du Tiers. Les puissants du jour ne s'apercevaient pas de ce mouvement : l'obéissance passive, à laquelle étaient astreints les subalternes de l'armée et de l'Eglise, le leur dissimulait. Le coup n'en fut que plus rude, lorsqu'au moment décisif, lorsqu'ils eurent le plus besoin de leurs troupes, celles-ci se tournèrent contre eux.

Aux Etats généraux de 1789, la question capitale, dès le début, fut de savoir si l'on voterait par tête ou par ordre. Le Tiers réclamait le vote par tête : le nombre de ses députés était deux fois aussi grand que celui de chacun des deux autres ordres. La noblesse croyait, au contraire, si l'on votait par ordre, dominer les Etats avec le concours du clergé.

Dans cette lutte, le clergé abandonna la noblesse. Parmi ses représentants, on comptait 48 archevêques et évêques, et 35 abbés et doyens, mais à côté d'eux 208 curés. Ceux-ci se rangèrent en grand nombre du côté du Tiers et lui permirent d'obtenir le vote par tête.

L'armée devait achever la défaite de la noblesse. La cour avait fait à Versailles et à Paris des rassemblements de troupes, qui rendaient imminent un coup d'Etat. Paris écrasé, on espérait avoir vite raison de l'Assemblée nationale, en laquelle les Etats généraux venaient de se constituer. Un soulèvement fut aisément provoqué par le renvoi de Necker (12 juillet). Mais il ne devait pas se terminer au gré de la cour qui l'avait excité. Les gardes françaises passèrent du côté du peuple, les autres régiments refusèrent de tirer, les officiers durent les faire replier, pour ne pas leur voir faire aussi défection. Mais le peuple, pour se garder d'un coup de main plus sérieux, veilla. Le 13 juillet il prit les armes, et comme le 14 juillet la nouvelle se répandit que le faubourg Saint-Antoine était menacé par les canons de la Bastille et qu'en même temps des troupes fraîches arrivaient de Saint-Denis, le peuple, uni aux gardes françaises, s'empara de la citadelle détestée. La défection des curés et des gardes sont deux événements décisifs dans la Révolution.

Nous voyons ainsi toute la masse réactionnaire, noblesse, clergé, armée, divisée et anarchique, lorsqu'éclate la Révolution. Une partie incertaine, une autre ouvertement du côté de l'ennemi ; une partie réactionnaire, mais opposée à l'absolutisme et réclamant avec ardeur des réformes financières ; une autre « éclairée », mais profondément engagée dans les abus du système, devenus pour elle une condition de vie, si bien qu'une réforme financière lui eût porté le coup de grâce ; et, parmi les privilégiés, attachés fermement à leurs privilèges, les uns, hardis et énergiques, mais ignorants, incapables d'exercer le pouvoir, les autres, instruits, familiers avec les affaires publiques, mais sans ressort et sans caractère ; une partie, faible et inquiète, disposée aux concessions, une autre, arrogante et violente ; toutes ces factions se combattant l'une l'autre, se reprochant mutuellement ce qui était arrivé, et la cour, livrée à leurs influences, dominée tantôt par ceux-ci, tantôt par ceux-là, aujourd'hui se livrant à des violences, demain se rendant méprisable par sa lâcheté : tel est le spectacle que présentent les classes dominantes au commencement de la Révolution.

IV

LES FONCTIONNAIRES

Entre les deux premiers ordres et le troisième, les fonctionnaires de l'Administration publique occupaient une situation particulière.

Les organes de l'ancienne administration féodale s'étaient en partie maintenus : ils avaient perdu leurs fonctions essentielles, mais non leurs revenus. Moyens très avantageux d'exploitation publique entre les mains de la noblesse, ces places n'avaient nullement disparu dans la mesure où elles devenaient inutiles. Au contraire : ce sont les plus lucratives et les plus superflues d'entre elles dont on vit encore le nombre s'accroître, dans le cours du XVIII$_e$ siècle, ainsi que nous l'avons vu.

A côté de ces charges inutiles, d'autres pourtant, dans la justice, la police, les finances, avaient dû être créées, dont le caractère répondait mieux aux conditions d'une monarchie moderne. On en avait institué de plus en plus, dont les titulaires étaient nommés par le roi. Mais au début elles n'avaient reçu qu'une rémunération insignifiante ou nulle, et leur revenu consistait plutôt en droits casuels, que la population payait aux fonctionnaires. Ce revenu s'accrut, dans la mesure où la charge étendait son ressort ; et ce fut pour les rois, dont les besoins d'argent étaient perpétuels, une bonne affaire non seulement de conférer, mais de vendre ces fonctions qui rapportaient de si beaux revenus. Dès le xve siècle l'usage commença à s'en répandre, et devint vite pour les rois un des moyens principaux de faire de l'argent. Non seulement les membres des comités directeurs des corps de métiers et autres corporations, mais les maîtres eux-mêmes devinrent des fonctionnaires publics, qui eurent à payer leur charge, si leur corporation n'avait pas été assez riche pour acheter son indépendance ; on enleva même aux villes leur autonomie, et les fonctions et dignités communales, à moins d'être rachetées par les villes à un bon prix, furent transformées en fonctions publiques : naturellement, c'était aux frais de la population, sur qui ces fonctionnaires prélevaient leurs émoluments. Ce n'était pas encore suffisant pour mettre un terme à la perpétuelle détresse financière des rois : on en arriva à créer les fonctions les plus absurdes, et les populations étaien astreintes à les pourvoir avec des dons. C'est ainsi, par exemple, que, dans les dernières années de Louis XIV, on institua les charges suivantes : inspecteurs de perruques, contrôleurs de cochon et de cochon de lait, compteurs de foin, conseillers du roi contrôleurs aux empilements des bois, inspecteurs du beurre frais, du beurre salé, etc., etc. De 1701 à 1715, le roi tira de la vente de nouvelles charges un revenu de 542 millions de livres. Peu importait qui achetait. Les trésoriers-payeurs de l'armée achetaient les charges de ceux qui devaient les surveiller et s'affranchissaient ainsi de tout contrôle.

Avec une telle organisation des fonctions publiques, il devenait à la longue difficile d'administrer un grand Etat moderne. Aussi se forma-t-il un nouveau fonctionnarisme, une bureaucratie fortement centralisée, tout entière dans la main du roi, qui non seulement remplissait les fonctions de l'administration féodale, mais aussi celles des charges vénales chaque jour plus superflues, sans toutefois diminuer leur nombre ni l'exploitation qu'elles exerçaient.

Au contraire, les charges vénales donnèrent naissance à une nouvelle aristocratie. Outre l'immunité d'impôts et d'autres privilèges, les plus importantes d'entre elles, moyennant un certain don, acquirent encore le caractère héréditaire, et des titres de noblesse leur furent concédés. C'est ainsi que se formèrent, à côté de la vieille noblesse féodale, une noblesse de robe et une noblesse de l'épée. Economiquement indépendante du roi, la nouvelle noblesse se montra parfois insubordonnée, plus insubordonnée même que la vieille noblesse.

A la tête de cette aristocratie de fonctionnaires se tenaient les Parlements, les plus hautes cours de justice.

L'essor de la production capitaliste moderne avait rendu la classe des juristes particulièrement importante et indispensable. Plus la production marchande fut la forme dominante de la production, plus nombreux et plus compliqués devinrent les contrats entre les propriétaires privés, plus litigieux les rapports qui en dérivaient. Le droit féodal et la jurisprudence féodale n'étaient plus adaptés à ces rapports; ils réclamaient un nouveau droit, qu'au début l'on chercha à tirer du droit canonique, mais dont on trouva bientôt le fondement le plus approprié dans le droit romain. Les rapports nouveaux réclamaient aussi des gens qui pussent consacrer toute leur vie à la tâche de se « retrouver » dans les méandres obscurs du nouveau droit. La classe des juristes, juges et avocats, grandit rapidement et fut considérée comme indispensable. En fait, une grève de cette classe aurait entraîné pour tout le commerce un arrêt complet.

Rien que de naturel si les hautes cours de justice jouissaient d'un prestige particulier. Ce prestige était encore considérablement augmenté par leur situation politique. Les rois de France voyaient dans les Parlements, qui se recrutaient au sein du Tiers-Etat et rendaient leurs jugements sur la base d'un droit favorable à l'absolutisme, le droit romain, d'excellents instruments pour briser la résistance de la noblesse féodale, et ils étendirent de plus en plus, à cet effet, leurs prérogatives et leur puissance, dans le courant du XIVe et du XVe siècle. Mais la vénalité des charges judiciaires, qui fut introduite au XVIe siècle, fit des Parlements, dont l'importance croissait de jour en jour, pour toute la vie sociale et politique, et dont les membres devenaient de plus en plus riches, leurs émoluments augmentant à vue d'œil, des corps d'une indépendance économique très grande : si bien qu'après avoir acquis leurs prérogatives au service de l'absolutisme, ils finirent, pour conserver cette indépendance et ces privilèges, par oser se retourner contre lui, et cela, au moment même où la royauté avait renversé tous les obstacles et paraissait toute-puissante.

Toutes ces circonstances, cependant, ne sont pas encore de nature à expliquer le rôle considérable que le plus élevé et le plus ancien d'entre les Parlements, celui de Paris, joua à partir du XVIe siècle jusqu'au XVIIIe siècle. Ce n'est ni son ancienneté ni son rang qui rendent ce rôle compréhensible : mais ce Parlement était le Parlement de Paris, de Paris dont aucun roi — les guerres de religion l'avaient bien montré — ne pouvait impunément ne pas tenir compte. Et c'est sur la puissance de l'opinion publique parisienne que reposait avant tout le prestige du Parlement de Paris. Mais il devait faire à cette opinion des concessions, il devait observer une attitude qui lui conciliât les applaudissements des Parisiens. Les conséquences de cette situation furent remarquables.

Il est naturel que des fonctionnaires, économiquement indépendants du roi, non seulement se soient montrés insubordonnés, mais n'aient eu, en général, en vue, dans la conduite de leur charge, que leur intérêt privé. Ni la crainte d'une destitution, ni l'espérance d'un avancement, n'avaient d'action sur eux.

Ils ne se contentaient pas de leurs revenus et émoluments réguliers, mais ils cherchaient à les augmenter encore en abusant de la part de puissance publique qu'ils détenaient. Les percepteurs d'impôts trompaient le fisc, oubliaient les riches, qui achetaient leur faveur, et comblaient le déficit en soumettant les pauvres à des exactions plus dures encore. Vénale était la justice ; vénale, la police ; le gaspillage, l'arbitraire, la corruption régnaient dans tous les domaines de l'administration publique.

C'est dans les Parlements, qui se tenaient à la tête de cette noblesse bureaucratique, que la corruption fleurissait au plus haut degré. Leur infamie, leur vénalité, leur cupidité égalaient leur morgue aristocratique et la haine fanatique avec laquelle ils accueillaient toutes les innovations qui pouvaient menacer leurs privilèges : ils soulevèrent contre eux, dans le cours du XVIIIe siècle, l'hostilité de tous les esprits droits et amoureux du progrès, et ils encoururent plus d'une fois la condamnation morale de l'opinion publique. Voltaire combattit avec une grande énergie « les meurtriers de Calas, Labarre et Lally, » et les « Mémoires » que Beaumarchais publia en 1774, mettaient dans un relief écrasant toute la corruption de la justice d'alors.

Mais pour pouvoir garantir sa corruption et ses privilèges, le Parlement de Paris, qui donnait en quelque sorte le ton à tous les autres, devait se maintenir dans les bonnes grâces des Parisiens : il adoptait tous les mots d'ordre qui couraient dans Paris. En 1648, pendant la Fronde, de concert avec les Parisiens et la partie en révolte de l'aristocratie, les Parlementaires montèrent sur les barricades ; d'accord toujours avec les Parisiens, le Parlement de Paris fit de l'opposition au « despotisme » des ministres de Louis XVI, au nom de la « souveraineté » et de la « liberté nationale ». Il se considérait d'ailleurs comme la seule représentation légitime du peuple.

Ce n'est pas un des phénomènes les moins singuliers de l'histoire de l'Ancien Régime que cette attitude des Parlements, se posant en défenseurs des droits du peuple, alors qu'ils ne visaient qu'à sauvegarder des privilèges, au moyen desquels ils exploitaient le peuple.

V

LA RÉVOLTE DES PRIVILÉGIÉS

La lutte entre les Parlements, défenseurs de la noblesse bureaucratique, et l'administration fortement centralisée de l'Etat despotique s'élargit quelquefois d'une simple cabale de cour, dont le peuple ne soupçonnait rien, en une lutte de tous les privilégiés, en un mouvement de révolte soulevant jusqu'aux masses populaires.

La Fronde, dont nous avons déjà parlé dans le chapitre précédent, fut le plus important de ces soulèvements. Elle éclata dans la première moitié du XVIIe siècle, lorsque la noblesse avait encore de la fierté et de la force. Un soulèvement analogue se produisit dans le dernier quart du XVIIIe siècle ; mais si en 1648 la Fronde eut pour résultat d'affermir encore le pouvoir royal, en 1787, la révolte des privilégiés amena la victoire du Tiers et donna le branle à la grande Révolution.

Nous avons déjà, dans le second chapitre, fait voir l'attitude hésitante de Louis XVI.

« L'âme double » de la monarchie absolue au

XVIIIe siècle trouva dans ce prince son incarnation la plus topique, et ses deux ministres, Turgot et Calonne, en traduisirent, de la façon la plus remarquable, la « duplicité ». Le premier, aussi profond penseur que grand caractère, chercha dans son ministère à mettre l'Etat au service du progrès économique, à écarter les obstacles qui l'entravaient, et à réaliser ce que les théoriciens avaient reconnu comme absolument nécessaire à la conservation de l'Etat et de la société. Il voulut que l'administration cessât d'être entre les mains de la noblesse de cour un instrument d'exploitation des finances publiques. Il supprima les corvées, les douanes intérieures, les corporations, et libéra l'industrie de l'oppression des règlements. Il voulut faire payer les impôts à la noblesse et au clergé comme au Tiers et soumettre les dépenses publiques au contrôle des Etats généraux. C'étaient là d'insupportables empiètements sur les « droits sacrés ». Conduite par la reine, l'armée des privilégiés se souleva contre le ministre réformateur, et Turgot succomba sous l'orage (1776).

Après une série d'expériences, d'essais, le roi appela Calonne au ministère (1783). C'était un homme selon le cœur de la reine ; superficiel, mais charlatan retors et sans scrupules, il eut pour règle de sacrifier à la noblesse de cour, chaque jour plus insatiable, non seulement les revenus actuels, mais les revenus futurs de l'Etat, de piller non seulement les finances présentes, mais encore le crédit public. Les emprunts succédaient aux emprunts ; pendant les trois ans qu'il fut ministre, il emprunta sur le trésor public 650 millions de livres (voir l'exposé de Louis Blanc, I, 233), somme énorme pour ce temps. Et presque tout était englouti par la cour, le roi, la reine, et leurs favoris. « Lorsque je vis que tout le monde tendait sa main, je tendis mon chapeau », dit un prince qui raconte l'ivresse d'alors. La cour nageait dans les délices, aucune voix ne s'élevait qui avertît et montrât où devait conduire une telle folie. Louis XVI lui-même témoignait toute la satisfaction qu'il avait d'un tel ministre des finances, en payant ses dettes, qui ne s'élevaient pas à moins de 230.000 livres. Tout le monde à la cour admirait avec quelle facilité et quelle promptitude le « grand homme » avait réussi à résoudre la question sociale.

La conduite extravagante de la cour précipita naturellement la chute de tout le régime. Après trois années de gestion insensée, Calonne fut au bout de ses expédients ; le déficit annuel était monté à 140 millions de livres, et Calonne lui-même se vit forcé d'avouer qu'aucun emprunt ne pouvait plus conjurer la banqueroute imminente et qu'il n'y avait plus qu'un moyen : relever les recettes, abaisser les dépenses. Mais cela n'était possible qu'en touchant aux privilèges : du peuple, on ne pouvait plus rien extraire.

Lorsque Calonne communiqua cette nouvelle

aux notables qu'il avait réunis (février 1787), un hurlement de fureur lui répondit des rangs des privilégiés : non qu'ils blâmassent le manque de scrupules avec lequel Calonne avait jusqu'alors géré les finances publiques, mais pour protester contre le terme qu'il voulait mettre à son administration scandaleuse. Calonne tomba, mais ses successeurs durent continuer la politique d'augmentation des impôts pour les privilégiés : ceux-ci finirent par avoir la conviction que la royauté n'était plus en état de leur assurer, dans la même mesure qu'auparavant, l'exploitation de la France, et ils s'élevèrent contre la royauté elle-même. La chose est incroyable, mais c'est pourtant la vérité : noblesse, clergé, parlements, tous les privilégiés, dont la situation était déjà si compromise et qui n'avaient plus d'autre appui que la royauté, s'unirent pour la renverser. Tant la cupidité peut aveugler sur l'imminence de sa chute une classe qui survit à elle-même : elle est la première à précipiter cette chute !

Les privilégiés n'avaient aucune idée des changements profonds qui s'étaient accomplis dans la société, ils croyaient que rien n'avait changé depuis le temps où ils avaient pu braver les rois et le Tiers-Etat, et c'est avec virulence qu'ils réclamaient une nouvelle convocation des Etats, sur le modèle de ceux de 1614. Eux, qui n'avaient plus de soutien que dans le pouvoir royal, ils voulaient maintenant, par leurs propres forces, défendre leurs privilèges. Et c'est au moment où ils auraient dû s'unir le plus étroitement avec la royauté, et où leur position était le plus sérieusement menacée, qu'une mutinerie s'élevait dans leur sein pour le partage du butin !

Aveuglés par la fureur, les privilégiés se plaçaient sur un terrain révolutionnaire. Les Parlements, en mai 1788, firent grève générale, le clergé refusa toute contribution aux finances publiques, tant que les Etats ne seraient pas convoqués ; la noblesse se souleva en armes dans les provinces, et dans le Dauphiné, la Bretagne, la Provence, les Flandres et le Languedoc, il se produisit des troubles graves.

Le Tiers-Etat prenait une part chaque jour plus grande à ce mouvement, lui aussi réclamait la convocation des Etats. Mais les privilégiés n'y prenaient point garde. La royauté avait montré qu'elle ne pouvait plus être un simple champ d'exploitation, elle devenait l'ennemi, et briser sa puissance absolue était le devoir des privilégiés. Ils méprisaient trop le Tiers-Etat pour le craindre. Pouvait-on avoir peur de paysans stupides, de cordonniers et de tailleurs, et d'une poignée d'avocats ?

Devant le soulèvement unanime de tous les ordres, la royauté dut céder. Elle dut consentir à convoquer les Etats qui s'ouvrirent le 5 mai 1789, date où l'on est convenu de faire commencer la Révolution. Mais il est remarquable que le soulèvement contre l'absolutisme royal avait déjà commencé avant cette date, et ce furent les privilégiés qui en donnèrent le signal et qui provoquèrent ainsi la Révolution; ils furent les premiers à réclamer la convocation de cette Assemblée fameuse, qui devait consommer leur ruine.

Les frères ennemis, noblesse et royauté, refirent bien la concentration, les privilégiés se resserrèrent bien autour du roi, dès qu'ils virent les dispositions hostiles du peuple et du Tiers, mais il était trop tard.

VI

LA BOURGEOISIE

Le Tiers-Etat était aussi divisé que les deux premiers ordres. C'est devenu une mode aujourd'hui de considérer la classe capitaliste comme le troisième Etat et de lui opposer le prolétariat comme le quatrième Etat (1). Or, tout d'abord, le prolétariat est *une classe* et non *un ordre*; c'est un groupe social, qui est séparé des autres groupes par une situation économique particulière, et

(1) L'idée d'un Quatrième Etat se fait jour déjà au temps de la Révolution, mais rarement on comprend sous ce Quatrième Etat la classe ouvrière. Un ami me communique à ce sujet les dates intéressantes qui suivent, tirées du livre russe de Kareiew « Les paysans et la question paysanne en France dans le dernier quart du XVIIIe siècle » (Moscou, 1879, p. 327). Dès le 25 avril 1789 parut de Dufourny de Villiers le « Cahier du 4e ordre, celui des pauvres journaliers, des infirmes, des indigents, etc., l'ordre des infortunés ». En général on comprend sous le 4e Etat les paysans. Par ex. de Noilliac: Le plus fort des pamphlets, l'ordre des paysans aux Etats généraux, — 26 février 1789, page 6, on lit: «Nous empruntons à la constitution suédoise les 4 ordres ». De Vartout, Lettre d'un paysan à son curé

non par des institutions juridiques spéciales. Ensuite, il est inadmissible de parler d'un quatrième Etat, parce que le prolétariat existait déjà dans le sein du troisième ordre, lequel comprenait tous ceux qui ne rentraient pas dans les deux premiers ordres, depuis les capitalistes jusqu'aux artisans, paysans et prolétaires. On peut aisément se représenter quelle masse bigarrée formait le Tiers-Etat ; nous trouvons dans son sein les antagonismes les plus aigus, on s'y propose les fins les plus diverses, on y préconise les moyens de combat les plus différents. Il ne pouvait être question alors d'une lutte de classes unique.

La classe des capitalistes elle-même, que l'on désigne aujourd'hui sous le nom de troisième Etat, ne constituait pas une masse homogène.

A sa tête se tenait la haute Finance. Etant la créancière la plus considérable de l'Etat, elle avait toute raison de pousser aux réformes, qui auraient préservé l'Etat d'une banqueroute, élevé ses revenus, diminué ses charges. Mais ces réformes devaient se faire d'après le principe bien connu du « Lave-moi la tête, mais sans la mouiller ». En fait, ces messieurs de la Finance avaient

sur une nouvelle manière de tenir les Etats généraux, Cartrouville, 1789, p. 7 : « J'ai entendu dire que dans un pays du Nord... l'ordre des paysans est admis à l'assemblée des Etats ». D'autres conceptions du 4e Etat se font aussi jour. Une brochure veut voir dans le 4e Etat les commerçants, une autre les fonctionnaires, etc.

bien des motifs pour s'opposer aux réformes financières ou sociales réellement profondes.

La plupart d'entre eux possédaient de grands domaines féodaux, des titres de noblesse, et n'entendaient pas renoncer volontiers aux privilèges et aux revenus qui y étaient attachés. Mais ils avaient encore à la conservation des privilèges de la noblesse cet intérêt bienveillant du créancier qui ne tient pas à voir son débiteur faire faillite. Ils étaient les créanciers non seulement du roi, mais aussi de la noblesse endettée. Les économistes pouvaient bien démontrer que le revenu de la terre devait augmenter, si elle était exploitée d'après les principes capitalistes, au lieu de l'être suivant des méthodes à demi féodales. Mais passer au mode d'exploitation capitaliste dans l'économie rurale demandait un certain capital : il fallait couvrir les frais de premier établissement, acquérir le bétail, les outils, etc. Ce capital, bien peu de nobles le possédaient. L'abolition des droits féodaux menaçait de les ruiner. Leurs créanciers n'avaient aucune raison pour travailler à cette ruine.

En outre, socialement, ainsi que nous l'avons déjà vu, noblesse et finance étaient de plus en plus étroitement unies. Toute réforme financière devait aboutir à remplacer les fermiers généraux par la régie de l'Etat. Les revenus publics les plus importants, la gabelle, les aides, les douanes, le monopole des tabacs, étaient affermés. Les fermiers payaient chaque année à l'Etat (dans les dernières années avant la Révolution) 166 millions de livres, mais ils tiraient du peuple peut-être le double de cette somme. La ferme des impôts était une des méthodes les plus productives d'exploitation publique : comment ces messieurs de la haute Finance y auraient-ils renoncé de plein gré ! Ils eussent été les derniers à s'élever contre elle.

Ils n'avaient au surplus aucun intérêt à mettre fin au déficit et à la dette de l'Etat. Des inscriptions à la dette publique, ils n'en gardaient qu'une partie. Ils savaient en repasser le plus grand nombre, à gros intérêt, au « public », moyens et petits capitalistes, spécialement les rentiers. Si l'on faisait un nouvel emprunt, la haute Finance savait ainsi faire retomber le risque sur les épaules des autres. Mais le profit qu'elle retirait de la conclusion d'un emprunt, soit directement, soit indirectement, par l'exploitation de l'Etat ou du public, était énorme. Chaque nouvel emprunt rapportait de gros bénéfices aux gens de la Finance. Rien ne leur eût été plus désagréable qu'un budget sans déficit, qui eût rendu inutile la conclusion de nouveaux emprunts.

Dès lors, quoi d'étonnant, si les sympathies de la haute Finance, comme classe, étaient du côté de l'Ancien Régime, des privilégiés ! Elle réclamait bien des réformes, mais qui n'en réclamait pas, à la veille de la Révolution ! L'aristocrate le plus entêté était convaincu qu'il y avait des réformes nécessaires, que la situation était intolérable ; le mécontentement était général ; mais chaque classe voulait des « réformes » qui, loin de lui demander des sacrifices, lui eussent assuré des avantages.

La haute Finance n'en était pas moins, bien qu'à son insu, un puissant ferment politique ; c'est elle qui transforma les bourgeois les plus paisibles en politiciens, rêveurs de liberté. Par elle, les créances de la dette publique pénétraient de plus en plus dans le peuple ; les emprunts se succédant rapidement les uns aux autres, elle était le canal par où les petits et moyens capitaux se concentraient et s'accumulaient à la cour, pour disparaître dans les larges poches des courtisans, sans d'ailleurs les remplir, puisqu'elles étaient toutes percées à jour. Les petits et moyens capitalistes devenaient ainsi de plus en plus les créanciers de l'Etat. Cette sorte de bourgeois est en général pour un gouvernement très inoffensive. Le philistin tient la politique pour un art peu lucratif, qui ne rapporte rien et coûte par-dessus le marché du temps et de l'argent. Il rend hommage à ce principe, que chacun doit s'occuper de ses affaires et abandonner au roi le soin des affaires publiques. Dans un Etat absolu, avec un espionnage politique perfectionné, comme dans l'ancienne France, où la participation des bourgeois à la politique était considérée au surplus comme une sorte de crime, l'aversion du philistin pour tout ce qui dépasse l'horizon de ses quatre murs, était encore plus grande.

Mais les choses changèrent de face, lorsqu'il devint un créancier de l'Etat et qu'on commença à envisager la possibilité d'une banqueroute. La politique cessa d'être un art ingrat, elle devint une affaire importante. Le petit et moyen bourgeois conçut tout à coup un intérêt surprenant pour toutes les questions d'administration publique, et comme il n'était pas difficile de voir que les privilèges des deux premiers ordres constituaient la charge principale des finances de l'Etat, puisque d'une part les privilégiés se taillaient la part du lion dans les revenus publics, sans d'autre part y contribuer pour grand'chose, il devint tout à coup un énergique opposant, qui ne voulait plus rien savoir avec les privilèges et soupirait après la liberté et l'égalité.

Mais ce n'est pas seulement comme créancier de l'Etat, c'est aussi comme commerçant ou industriel qu'il dut faire front contre les privilégiés.

Les plus hautes places dans l'armée et la flotte étaient réservées à la noblesse, et, comme celle-ci, moralement et physiquement, dégénérait à vue d'œil, les armées françaises étaient de plus en plus impuissantes. Dans tout le cours du XVIIIe siècle, il n'y eut aucune guerre qui ne se terminât pour la France par les conditions commerciales les plus défavorables et la perte de colonies précieuses. Ainsi la paix d'Utrecht (1713), le traité d'Aix-la-

Chapelle (1748), de Paris (1763), de Versailles (1783). Or une heureuse politique extérieure était une des conditions les plus importantes pour le succès d'un commerce extérieur.

A l'intérieur, les vieilles barrières féodales mettaient obstacle au commerce. Les provinces formaient des Etats indépendants, ayant souvent un droit particulier, une administration spéciale, et des douanes les séparaient les unes des autres. Ajoutez à cela les droits seigneuriaux, droits de finage, de péage et de voirie, qui rendaient difficiles les échanges à l'intérieur du royaume. Les denrées qui venaient du Japon ou de la Chine, arrivaient majorées, par le transport sur de vastes et orageuses mers, où pullulaient les pirates, rien que de trois ou quatre fois leur prix d'origine. Du vin qui était transporté de l'Orléanais en Normandie, arrivait majoré d'au moins vingt fois son prix par les nombreux droits que la marchandise avait à supporter en route. Le commerce du vin, une des branches les plus importantes du commerce français, était particulièrement chargé et grevé de droits. Ainsi, par exemple, les propriétaires de vignobles du district de Bordeaux avaient le droit, sur le marché de cette ville, de défendre la vente du vin qui n'avait pas été récolté sur leurs vignobles. Ainsi aux propriétaires des riches vignobles du Languedoc, du Périgord, de l'Agenois et du Quercy, pays dont les rivières cependant viennent couler sous les murs de Bordeàux, la vente de leurs produits était interdite.

Avec cela les communications étaient misérables. On n'avait pas d'argent pour entretenir les routes, et les travaux, pour lesquels les corvées des paysans ne suffisaient pas, n'étaient pas entrepris.

Si le commerce voulait prendre un puissant essor, il fallait donc supprimer les privilèges de la noblesse, réformer l'armée et la flotte, briser le particularisme des provinces, abolir les douanes, les droits de la couronne et des seigneurs à l'intérieur du royaume, en un mot les intérêts du commerce réclamaient la « liberté et l'égalité ».

Pourtant tous les commerçants n'étaient point pour les réformes.

Une méthode favorite de la royauté, avant la Révolution, pour se créer des ressources, consistait à monopoliser une branche de l'industrie ou du commerce et à vendre le monopole à un petit nombre de privilégiés ou à partager avec eux le produit de l'exploitation monopolisée du public.

Parmi les plus lucratifs étaient les monopoles des grandes compagnies pour le commerce d'au delà des mers. Mais à coté d'eux il y avait encore d'autres monopoles de commerce plus sûrs, des sociétés organisées, en partie corporativement, dans certaines villes. C'est ainsi, par exemple, qu'à Paris, la corporation des marchands de vin formait une société fermée, qui survécut même aux réformes de Turgot.

Personne ne s'étonnera si ces privilégiés, bien

qu'appartenant au Tiers-Etat, restaient fermement attachés au régime des privilèges.

Le particularisme des provinces lui-même ne déplaisait pas à tous les capitalistes. Les obstacles apportés au commerce du blé entre les différentes provinces, en particulier l'interdiction d'exporter du blé d'une province dans une autre sans une permission spéciale, qui n'était pas facile à obtenir, empêchaient les échanges entre les contrées où la récolte avait été bonne et celles où le blé avait mal poussé, et favorisaient puissamment la spéculation sur les grains, qui prit souvent des proportions colossales et fut un des moyens les plus efficaces d'exploiter le peuple. De même qu'aujourd'hui les droits protecteurs favorisent la formation des cartels, de même alors les barrières que le commerce du blé rencontrait dans l'intérieur du pays, facilitaient la formation de sociétés d'accaparement, de « pactes de famine ». A la tête de ces pactes se tenait quelquefois le roi, qui faisait, de la spéculation sur les grains, une de ses meilleures sources de revenus (1). Il est clair, dans ces conditions, que sa très chrétienne Majesté, pas plus que ses compagnons, juifs circoncis et incirconcis, ne voulait entendre parler de la liberté du commerce des grains.

(1) Louis XV était le principal actionnaire de la Société d'accaparement Malisset. Sur les registres de sa maison, se trouve un compte particulier pour « les spéculations sur les grains de Sa Majesté ».

Comme le commerce, l'industrie aussi était entravée par l'ancien régime. Non que l'ancien régime ait voulu l'opprimer : il lui témoignait au contraire la plus haute sollicitude. Une industrie capitaliste florissante passait pour une des sources de richesse les plus grandes de l'Etat et qu'on devait, comme telle, encourager par tous les moyens. Et comme les corporations suscitaient à l'industrie capitaliste, dont la concurrence les gênait, mille chicanes et mille obstacles, les rois la prirent sous leur haute protection particulière. A vrai dire, supprimer les corporations et écarter radicalement cette entrave, ne leur venait pas à l'esprit : ils auraient par là perdu une source importante de revenus, comme nous aurons encore l'occasion de le voir. Mais ils accordaient aux manufactures des franchises, qui les libéraient des barrières corporatives et des droits féodaux. Une manufacture qui avait obtenu un tel privilège, s'appelait « manufacture royale ». La royauté alla plus loin encore. Pour donner à la production manufacturière son maximum de perfection, les entrepreneurs furent mis au courant des meilleures méthodes de travail et leur introduction soumise à des règlements particuliers.

Pour la manufacture encore dans l'enfance, ces règlements pouvaient être avantageux ; mais il en fut autrement lorsque l'industrie capitaliste, dans la deuxième moitié de XVIIIe siècle, commença à se développer plus rapidement. Si le privilège royal protégeait contre les chicanes et les procès des corporations, il constituait par contre une chaîne très lourde, qui empêchait maint nouvel établissement. Les règlements devinrent tout à fait intolérables. De moyen de généraliser les meilleures méthodes de travail, ils s'étaient transformés en moyens de maintenir artificiellement les plus mauvaises. A partir de 1760 commença cette révolution technique qui devait mettre la fabrique à la place de la manufacture et créer la grande industrie moderne. Déjà, dans la manufacture, les méthodes de travail et la technique s'étaient lentement transformées. Maintenant une invention en chassait une autre et se vulgarisait vite, en Angleterre. Si la France voulait lutter contre le commerce anglais, elle devait au plus vite se mettre au pas du progrès économique. Ecarter les barrières corporatives et les règlements bureaucratiques ne fut bientôt plus seulement une question de profit, mais une question de vie ou de mort pour l'industrie capitaliste. Mais c'est en vain que Turgot, en 1776, tenta l'une et l'autre réforme. Les privilégiés savaient que la réforme ne devait pas s'arrêter là. Ils renversèrent Turgot et détruisirent son œuvre. Il fallait la Révolution pour abattre les barrières que rencontrait la grande industrie.

Toutefois une partie assez importante des industriels capitalistes avait intérêt à la conservation du régime des privilèges. Comme le commerce, l'industrie capitaliste, dans ses débuts, se bornait surtout aux besoins du luxe : en partie, parce que le marché intérieur lui manquait encore, et que le paysan fabriquait encore lui-même les produits industriels dont il avait besoin, en partie aussi, parce qu'elle était une industrie de cour, objet de la sollicitude royale. Les plus importantes manufactures de France servaient à la fabrication d'étoffes de soie, de velours, de dentelles, de tapis, de porcelaine, de poudre, de papier (il y a cent ans, c'était encore un article de luxe) et autres choses analogues. Ces entreprises trouvaient leur meilleure clientèle dans la noblesse de cour, parmi les privilégiés. Tailler dans les privilèges, c'était par suite ébranler l'existence de bon nombre de capitalistes industriels. Aussi la Révolution ne trouvait nullement parmi eux un accueil universellement sympathique.

Il est significatif que lorsque la Contre-Révolution de 1793 prit les armes à côté de la Vendée, province la plus en retard de France, où l'économie féodale fleurissait encore, se trouvait Lyon, la ville la plus industrielle du royaume, si hautement renommée pour son industrie de soie et ses broderies en or. Déjà en 1790 une tentative de soulèvement y avait été faite par des prêtres et des nobles, et Lyon est restée longtemps un foyer de légitimisme et de catholicisme. Et en 1795, lorsque la dictature des Jacobins fut brisée, la bourgeoisie de Paris ne fit aucun mystère de ses sympathies royalistes, antirépublicaines.

S'il n'eût tenu qu'à elle, la restauration de la monarchie légitime et le retour des aristocrates émigrés eussent été déjà, dès cette époque, un fait accompli.

VII

LES CLASSES LIBÉRALES

Il reste à examiner une importante catégorie de la classe bourgeoise, celle des classes libérales. La production capitaliste a séparé les fonctions, qui étaient réunies dans la petite production artisanne, et partagé les travailleurs en deux catégories, les manuels et les intellectuels ; elle a, en outre, étendu à l'infini la division du travail social et créé une série de carrières qui ne requièrent que le travail intellectuel.

Le technicien, formé par la culture scientifique, ne trouvait pas encore, au siècle dernier, beaucoup d'emploi dans l'industrie : l'application industrielle de la science mécanique et de la chimie n'était encore, à la fin du siècle, qu'à ses débuts. Mais le développement des moyens de communication fournissait déjà l'occasion de grands travaux: les ingénieurs avaient à construire des vaisseaux, des ponts, des routes, des canaux, et la guerre favorisait beaucoup les progrès de la technique.

La croissante concentration de la population dans les villes et la croissante prolétarisation de groupes sociaux considérables avaient pour conséquence l'étiolement physique de la race et des épidémies : la demande de médecins allait grandissant. L'ascension de la bourgeoisie, l'abandon de la campagne pour la capitale par la noblesse augmentaient, d'autre part, le nombre des gens qui pouvaient payer un médecin.

Nous avons déjà vu, dans le quatrième chapitre, combien s'était accru le besoin de juristes.

L'Etat moderne, centralisé, qui avait remplacé l'anarchie des communes féodales, n'était pas compatible avec l'administration seigneuriale et ecclésiastique, dans laquelle il rencontrait des obstacles incessants. Il lui substitua une bureaucratie centralisée, une catégorie de gens, qui faisaient de l'administration leur carrière exclusive.

Pour former tous ces éléments, il fallait de nombreuses écoles, de nombreux professeurs.

Ainsi s'éleva une classe assez nombreuse, qui se recrutait surtout dans la bourgeoisie, trouvait en elle son champ d'action, et vivait de l'application de son intelligence : aussi peut-on l'appeler la classe des « Intellectuels », ce qui ne veut pas dire, naturellement, ni que tous ses membres fussent intelligents, ni qu'il ne se trouvât d'intelligence que dans son sein. De ses rangs s'élevaient des penseurs qui ne se donnaient pas pour tâche de mettre leur savoir directement au service de la pratique, mais de rechercher l'enchaînement des phénomènes naturels et sociaux et d'en exposer les lois, sans aucune arrière-pensée d utilitarisme bourgeois, la recherche étant pour eux une fin, et non un moyen. Si abstraites d'ailleurs qu'étaient ou pouvaient être les théories de ces philosophes, leurs besoins personnels étaient d'une nature très concrète : ils voulaient vivre, et beaucoup d'entre eux, même, bien vivre.

Dans la cité antique, en particulier chez les Athéniens, la recherche de la vérité, la philosophie avait été l'occupation la plus élevée, et comme le privilège des hommes libres : le loisir, qui reposait sur l'esclavage et d'autres modes d'exploitation, servait à la science et à l'art.

De même chez les Romains : pourtant ceux-ci furent d'une étoffe plus grossière. Paysans incultes devenus si vite les maîtres du monde, le goût des conquêtes et le penchant aux orgies et aux hâbleries grotesques continua à l'emporter, chez la plupart d'entre eux, sur l'amour de la science et les joies esthétiques.

Mais, à la fin du moyen âge, lors de la Renaissance, quelle fut la situation faite à la science et à l'art ? D'un côté — sans parler de la noblesse de cour, sur laquelle nous allons revenir — des seigneurs et des curés de campagne, incultes, n'ayant de goût que pour des distractions de l'espèce la plus grossière ; de l'autre, des commerçants, que les affaires et la concurrence chaque jour plus âpre absorbaient, sauf de rares exceptions, au point de les rendre inaptes à toute spéculation abstraite ; et ce n'est pas des classes inférieures, assujetties à un travail écrasant, qu'il fallait naturellement attendre des préoccupations intellectuelles : culture préparatoire, occasion et loisir, tout leur manquait pour cela.

Aucune des classes dominantes, possédantes, n'avait l'étoffe pour développer en son sein art et science ; la pensée et la poésie étaient abandonnées aux « Intellectuels », classe de gens forcés de porter sur le marché leur force intellectuelle, comme le travailleur manuel y porte la force de ses bras. Mais le seul public sur qui les philosophes et les artistes pouvaient compter, c'était la cour. La noblesse de cour s'était affinée, elle avait perdu la rudesse de la noblesse rurale, elle s'entendait à des plaisirs plus délicats. Elle avait aussi plus de loisir et de liberté d'esprit que la classe des commerçants. Mais une cour, ce n'est pas une académie, une école de philosophie : les courtisans ne devinrent pas des penseurs, mais simplement les protecteurs des artistes et des philosophes : c'était plus facile, et si le courtisan avait perdu la grossièreté du hobereau, il en avait perdu aussi l'énergie. Un travail d'une certaine durée, en vue d'une fin déterminée, de quelque sorte qu'il fût, était pour lui un épouvantail ; il voulait s'amuser, et l'art et la science ne devaient servir qu'à ce but. Les cours, à côté des bouffons et des nains, entretenaient des artistes et des philosophes. On voulait bien s'occuper de philosophie, mais sans que cela exigeât beaucoup d'effort : la philosophie devait être mise sous une forme aisée, plaisante, spirituelle, amusante.

Une théorie sociale, qui ne remplissait pas cette condition ou qui était hostile à la cour, n'avait en France, même dans la première moitié du XVIIIe siècle, aucune chance de succès. Les idées en pouvaient être aussi sublimes qu'on le voudra : tant que les circonstances sociales ne les favorisèrent pas, elles eurent tout aussi peu de succès que le meilleur grain de blé a de chances de pousser s'il tombe sur de la pierre.

Les tendances révolutionnaires du Tiers-Etat, dans ces conditions, ne pouvaient que difficilement trouver leur expression théorique. A la rigueur, on pouvait encore s'attaquer à la religion. La noblesse de cour était aussi hostile que la bourgeoisie à une Eglise dépendante de Rome. Il est remarquable que les attaques les plus violentes des philosophes « amis des lumières », dans la première moitié du XVIIIe siècle, ne furent pas dirigées contre les formes de l'Eglise les plus surannées et les plus indécrottablement féodales, mais contre l'ordre qui s'était le mieux adapté à la civilisation moderne. Et cela s'explique, non par la puissance des idées abstraites, mais par celle des intérêts de classe. La vieille organisation féodale de l'Eglise, qui reposait sur la grande propriété foncière, était devenue en France, depuis longtemps, « nationale ». Ce n'était pas le pape, mais le roi qui nommait aux dignités, conférait les bénéfices, et nous avons vu que la noblesse seule y avait accès. On pouvait, dès lors, attaquer la religion : elle s'en moquait la première, mais elle ne souffrait pas qu'on mît en danger les intérêts de l'Eglise.

Mais il y avait un ordre qui ne se trouvait pas dans la dépendance du roi, mais relevait du pape. Celui-ci, un étranger, s'appuyait sur les riches revenus de cet ordre, et comme il était international, ce n'étaient pas seulement les Français, mais les Italiens, les Espagnols, les Allemands, etc., qui participaient aux richesses de cet ordre. En outre, ses revenus ne servaient pas à pourvoir les privilégiés : l'ordre ne connaissait dans son sein aucune différence de rang, et ses membres montaient les degrés de la hiérarchie selon leurs capacités.

La bourgeoisie ne haïssait pas moins cet ordre que la noblesse : il était pour elle le plus redoutable des concurrents. C'était lui qui mettait au service de l'Eglise tous les moyens modernes d'enrichissement, et il pouvait facilement défier toute concurrence et ramasser de colossales fortunes, avec ses missionnaires, ses agents et ses espions, répandus dans tous les coins du monde, jusqu'en Chine et au Japon, jusqu'au Mexique et au Pérou, partout où il ne rencontrait pas la concurrence protestante. Et il s'entendait non seulement à faire des affaires en Europe, mais aussi à exploiter les colonies : il fut la première puissance européenne qui sut tirer parti des colonies, et qui, loin de se borner au pillage, au commerce, aux plantations, développa chez les indigènes l'industrie, fabriques de sucre, etc. Ces gens, qui s'entendaient si bien aux affaires, qui, souples et sans scrupules, étaient si étroitement unis, ces « sans patrie », dont le bourgeois catholique rencontrait partout la concurrence ou pouvait s'attendre à la rencontrer, partout où il y avait une entreprise à exploiter, et qui lui inspiraient autant de haine que de terreur superstitieuse, ce n'étaient pas les Juifs, comme un de nos « nationalistes » ou de nos « chrétiens » pourrait se l'imaginer d'après cette peinture, mais les Jésuites. Et c'était contre eux, ces ennemis communs de la bourgeoisie et de la noblesse, qu'étaient dirigées les attaques les plus vives de philosophie, des cours elles-mêmes et de leur police.

Cependant cette haine des Jésuites n'était pas plus, pour les maux d'alors, un remède que la haine des Juifs pour les maux d'à présent. La misère du peuple allait chaque jour croissant, et il était de plus en plus manifeste que la cour était l'appui de tous les abus, l'obstacle à toutes les réformes sociales, et qu'elle était elle-même la grande « exploiteuse ».

Les liens, qui avaient mis la plupart des

penseurs dans la dépendance de la cour, en même temps, se déliaient. Les classes libérales grandissaient, la bourgeoisie s'éveillait à la vie politique. Un livre d'économie politique et sociale devenait une marchandise qui se vendait, et le journalisme se développait. L'écrivain et le philosophe roturier n'étaient plus réduits à attendre les pensions et les présents des grands, ils trouvaient des moyens d'existence dans la défense des intérêts de la bourgeoisie. C'est ainsi que dans la deuxième moitié du XVIIIe siècle des théories purent se développer et être mises en relief, qui non seulement ne dépendaient plus des vues de la cour, mais lui étaient absolument hostiles.

Il y eut même des ébauches de théories anticapitalistes. Beaucoup parmi les capitalistes profitaient des prodigalités de la cour, prenaient part à l'exploitation de l'Etat, et ne voyaient pas, par conséquent, d'un bon œil les efforts tentés pour la suppression des abus. Il apparaissait de plus en plus que seuls les paysans, et les « petites gens » des villes, le « peuple », pouvaient être le levier avec lequel on mettrait fin à la domination de la cour et des privilégiés, car ils étaient ceux qui en souffraient le plus.

Les penseurs bourgeois, — économistes, politiques, et non plus seulement philosophes, — se montraient chaque jour plus « amis du peuple », et plus hostiles, non seulement aux prêtres et aux nobles, mais aux « riches » en général. Toutefois, les propositions de critique socialiste qui çà et là apparaissent dans la seconde moitié du XVIIIe siècle, n'eurent que peu d'écho et ne furent pas comprises. Les théories en faveur, en particulier celles de J.-J. Rousseau, n'étaient nullement communistes, bien qu'elles puissent le paraître à un critique superficiel. La réforme alors nécessaire était la suppression des barrières féodales, qui s'opposaient au développement de la production marchande, et les penseurs bourgeois avaient une vue trop nette des rapports sociaux réels pour les méconnaître et donner dans un socialisme alors sans portée. Si pitoyables d'ailleurs qu'ils se montrassent pour les souffrances des classes exploitées, ils ne pouvaient s'élever au-dessus de l'horizon intellectuel de la bourgeoisie, à laquelle ils appartenaient par leurs relations de famille, leur position sociale, leurs conditions de vie. Ils ne se laissaient point non plus aveugler par les intérêts particuliers et éphémères de certaines catégories de capitalistes, au point de méconnaître les intérêts permanents et supérieurs de la classe bourgeoise tout entière, et les exigences du développement capitaliste : non, s'élevant au-dessus de ces intérêts particuliers, qui rendaient tant de capitalistes partisans du régime féodal et presque tous défiants vis-à-vis des innovations, ne s'arrêtant pas à l'étroitesse bornée des bourgeois intéressés dans les affaires, aimant par profession à généraliser, à tirer des conclusions logiques, à embrasser dans leur connaissance des rapports sociaux le passé et le présent, les Intellectuels furent la force qui sut discerner les grands intérêts de classe de la bourgeoisie qui à cette époque coïncidaient avec l'intérêt social général. Ils furent la force qui les défendit non seulement contre la cour, les aristocrates et les prêtres, parfois aussi contre les paysans, les petits bourgeois et les prolétaires, mais aussi contre maintes cliques de capitalistes, que leurs intérêts du moment rendaient hostiles aux intérêts permanents de la classe tout entière. Touchés non par des intérêts personnels et momentanés, s'appuyant sur une connaissance profonde des rapports sociaux, acquise par un long labeur de pensée, les Intellectuels n'apparaissaient pas comme les défenseurs d'intérêts matériels, mais comme les défenseurs de simples principes, de pures idées, comme des « doctrinaires », par opposition aux « hommes d'affaires », les capitalistes qui, fiers de leur ignorance, voulaient tout simplement mettre l'Etat au service de leurs intérêts particuliers.

Les penseurs réclamaient alors la soumission de l'homme d'Etat à la théorie : ils n'adaptaient pas encore la théorie aux désirs et à l'humeur changeante des « hommes d'Etat pratiques », et la Révolution leur donna l'occasion d'appliquer leurs théories. Après la chute de la noblesse de cour et de la haute finance, qui lui était liée, il n'y avait en France qu'une seule classe qui fût capable de gouverner, c'était la classe des Intellectuels. Aujourd'hui encore, où, dans la plupart des pays parlementaires, de larges couches populaires, surtout les travailleurs des villes, se sont familiarisées, grâce à leur activité politique, avec les besoins et les devoirs de la législation et de l'administration d'un grand Etat moderne, ce sont toujours les « Intellectuels » qui dominent dans les Parlements. Et si l'on songe qu'il y avait des siècles qu'en France toute activité politique s'était éteinte, on ne s'étonnera pas du rôle joué par les Intellectuels il y a cent ans.

Les petits bourgeois de Paris eux-mêmes choisirent pour les défendre des avocats, des journalistes, etc., et non des gens de leur classe.

C'est ainsi que les « Intellectuels » parvinrent à la puissance politique et la mirent au service de ses théories, c'est-à-dire des intérêts de classe de la bourgeoisie. Ces théories exprimaient, de la manière la plus exacte, l'intérêt social général : elles coïncidèrent avec les tendances profondes de la Révolution. Aussi les Intellectuels eurent presque toujours, si j'ose dire, l'oreille de la Révolution : ce sont leurs vues que l'on retrouve dans les discours, les livres et les journaux. Et il ne faut pas s'étonner que les idéologues superficiels aient estimé que la Révolution avait été faite et conduite par les penseurs et leurs idées.

Certes, il n'est pas douteux que les Intellectuels n'aient marqué de leur empreinte, et dans une mesure très large, la Révolution : en tant que législation et administration, elle est leur œuvre. Mais il ne faut pas croire que la Révolution ait été faite à coups, simplement, de décrets ministériels et de votes parlementaires. Dans les moments les plus critiques, c'est le peuple, surtout à Paris et dans les campagnes, qui prit l'initiative, et les décrets les plus importants rendus par la Constituante, la Législative et la Convention, ne firent que consacrer l'œuvre populaire : ces assemblées, dans les luttes révolutionnaires, se montrèrent inertes : elles ne donnaient pas l'impulsion au peuple, c'est de lui qu'elles recevaient l'élan.

Ce n'est pas dans les événements mêmes de la Révolution que se manifesta l'importance et l'activité des Intellectuels, mais dans les travaux qui survécurent à la Révolution. Ce n'est pas elle qui a renversé la Bastille, abattu les barrières féodales, sauvé la France nouvelle de l'assaut des ennemis extérieurs et intérieurs. Mais c'est elle qui a donné à la France les bases sur lesquelles son organisation politique a reposé jusqu'à nos jours et créé ce droit bourgeois, qui est encore le meilleur et le plus en harmonie avec les rapports sociaux modernes. Un général heureux a bien pu se l'approprier, comme beaucoup d'autres choses ; le Code civil a pu devenir le Code Napoléon, mais il reste une création des Intellectuels dans la Convention.

VIII

LES SANS-CULOTTES

Les artisans faisaient aussi partie du Tiers-Etat. L'organisation corporative s'était depuis longtemps « encroûtée » : grâce à elle, la production artisane s'était monopolisée entre les mains de quelques-uns, et la maîtrise était devenue un privilège, qui favorisait d'autant plus l'exploitation des compagnons et des consommateurs, que le cercle des privilégiés était plus petit. L'élévation d'un compagnon à la maîtrise, à moins qu'il ne fût le fils ou le gendre du maître, ou qu'il n'épousât sa veuve, était presque impossible. Pour les autres, l'accès de la maîtrise, non seulement était rendu très malaisé par toutes sortes de conditions, mais était en général *apriori* impossible. Souvent, on déclarait la corporation fermée, et le nombre des maîtres qu'elle pouvait contenir était une fois pour toutes déterminé.

D'ailleurs, ces messieurs les maîtres de corporation se trompaient, s'ils croyaient pouvoir, dans la monarchie du XVIIIe siècle, établir et conserver leur monopole par leurs propres forces. L'ancienne monarchie tenait pour hautement immorale l'exploitation du peuple par une coterie, si celle-ci ne voulait pas partager le butin avec elle. Le droit d'accorder des lettres de maîtrise — lettres qu'elle vendait cher, chose essentielle — fut déclaré un privilège de la couronne. De même le droit de nommer aux fonctions diverses de la corporation. Les corporations voulaient-elles garder pour elles ces privilèges, elles devaient les racheter à la couronne, et ce rachat n'avait pas lieu une fois pour toutes, mais il devait se renouveler souvent : la couronne se souvenait volontiers de son droit de souveraineté vis-à-vis des corporations, et le faisait valoir chaque fois — et cela se présentait souvent — qu'elle avait besoin d'argent.

Les maîtres de corporation avaient naturellement grand intérêt à la conservation du régime des privilèges. Ils auraient été, étant les plus faibles, les premières victimes d'une réforme politique. Et c'est à eux, en fait, que s'en prit tout d'abord le réformateur Turgot.

L'antagonisme le plus aigu dressait contre eux leurs compagnons. Le compagnonnage ne formait plus un simple stage pour la maîtrise, les compagnons étaient devenus une classe ayant des intérêts particuliers. Pourtant, ils n'avaient pas cette conscience de classe dont les prolétaires modernes sont animés. Leurs intérêts se trouvaient bien en opposition très tranchée avec ceux des maîtres corporatifs, mais ils n'aspiraient à rien d'autre qu'à devenir, eux aussi, des maîtres. Ils faisaient cause commune avec les maîtres non corporatifs, classe dont le nombre et l'importance croissaient rapidement.

Dans beaucoup de villes, il y avait des quartiers qui échappaient, par privilège, au régime corporatif. Ce régime, en général, n'était appliqué que dans les villes, et non dans les villages. Or, beaucoup de villages, se trouvant à proximité d'une grande ville, et celle-ci se développant encore, avaient fini par n'en être plus que les faubourgs, tout en continuant à échapper au joug corporatif. Sous Louis XVI, la misère des artisans qui n'étaient pas soumis au régime des corporations s'accrut et l'opposition contre ce régime s'accentua : le gouvernement apaisa les mécontentements en étendant les privilèges des faubourgs, en les accordant à des quartiers nouveaux. A Paris, les faubourgs Saint-Antoine et du Temple furent ainsi particulièrement favorisés. Tous les compagnons qui voulaient devenir indépendants et n'avaient aucun espoir d'arriver à la maîtrise dans une corporation, affluèrent dans ces faubourgs. Une foule innombrable de petits maîtres végétait lamentablement dans ces quartiers resserrés, en dehors desquels ils n'avaient pas le droit de vendre leurs produits. Et au fur et à mesure que leur nombre croissait et que s'avivait la concurrence qu'ils se faisaient entre eux, leur impatience grandissait devant les barrières que le régime des privilèges leur imposait, et ils comparaient, avec une amertume chaque jour plus exaspérée, leur misère avec la vaniteuse aisance que les maîtres de corporations étalaient à la ville.

C'est aussi dans ces quartiers affranchis du joug des corporations que les capitalistes avaient installé leurs manufactures. Ils y trouvaient en abondance ce dont ils avaient besoin, une grande offre d'ouvriers habiles, qu'ils avaient tout loisir d'exploiter. A côté des innombrables petits artisans et compagnons, il y avait ainsi dans les faubourgs en question de nombreux salariés, qui se recrutaient, partie parmi les artisans, partie à la campagne. Et l'industrie capitaliste employait déjà aussi, à côté des travailleurs qualifiés, des manœuvres, des journaliers, etc.

Les petits commerçants, aubergistes, etc., qui se recrutaient parmi ces artisans et ces prolétaires, et qui trouvaient en eux leur clientèle, faisaient cause commune avec eux.

A côté enfin de cette masse de travailleurs et de petits bourgeois vivait une masse de gueux dont le nombre grandissait de jour en jour, et qui affluait dans les villes, surtout à Paris, pour y trouver l'occasion de gains licites ou illicites. Le nombre des mendiants comprenait le vingtième de la nation ; en 1777 il y en avait 1.200.000. A Paris, ils formaient un sixième de la population, 120.000.

Une grande partie de ces sans-travail n'était pas encore pleinement corrompue et se montrait encore capable d'un relèvement moral, aussitôt qu'elle apercevait une lueur d'espérance. C'est avec enthousiasme qu'ils se lancèrent dans le mouvement révolutionnaire qui leur promettait la fin de leurs souffrances. Sans doute, il se mêla à la Révolution des éléments douteux, qui voulurent simplement pêcher en eau troublée, prêts à vendre et à trahir leur cause en toute occasion. Mais il est ridicule de présenter ces existences troubles comme le type de tout le peuple.

Si bigarré que soit cet assemblage, il avait une certaine unité, c'était réellement une masse révolutionnaire. Une haine intense en faisait le lien, non seulement la haine contre les privilégiés, les maîtres de corporations, les prêtres, les aristocrates, mais aussi contre les bourgeois, qui les exploitaient en partie comme fermiers généraux, comme spéculateurs sur les blés, comme usuriers, entrepreneurs, etc., en partie comme concurrents, et dont tous, petits bourgeois ou prolétaires, avaient à souffrir sous mille formes diverses. Mais en dépit de cette haine, et quelle que soit la verve avec laquelle ils l'exprimaient parfois, ces révolutionnaires ne doivent pas être considérés comme socialistes. Le prolétariat comme classe ayant conscience de lui-même n'existait pas encore avant la Révolution. Il vivait encore entièrement dans le cercle d'idées de la petite bourgeoisie, dont l'idéal et les revendications ne dépassaient pas l'horizon de la production marchande.

Assimiler ces éléments révolutionnaires aux prolétaires modernes de la grande industrie, et leur supposer les mêmes tendances, c'est se faire une idée entièrement fausse des « sans-culottes », comme on les appelle, et de la Révolution, sur la marche de laquelle ils ont eu une si grande influence.

La bourgeoisie ne formait, nous l'avons vu, en aucune façon une masse révolutionnaire homogène. Diverses de ses fractions étaient intéressées, par des avantages momentanés, au maintien de l'ancien régime ; d'autres ne regardaient la Révolution qu'avec défiance et froideur ; et si d'autres, par contre, sympathisaient avec elle, il leur manquait l'énergie et la force. Et la partie révolutionnaire de la bourgeoisie n'aurait pas pu, à elle seule, garder la Révolution des coups de ses adversaires, de la cour surtout, qui pouvait compter sur une partie de l'armée, sur ces régiments français qu'on recrutait dans les provinces réactionnaires, et sur les régiments de Suisse et d'Allemands embauchés, sans compter l'étranger, avec qui elle était alliée. Pour résister à la contre-révolution, il fallait d'autres gens que la bourgeoisie, des gens qui n'eussent rien à perdre dans une tourmente sociale, point de haute clientèle à ménager, et qui apportassent dans la lutte la force de leur bras ; il fallait surtout de grandes masses

C'est dans les paysans, les petits bourgeois et les prolétaires que la fraction révolutionnaire de la bourgeoisie trouva l'appui, sans lequel elle eût été vaincue. Mais les paysans, comme aussi les petits bourgeois et les prolétaires des villes de province, étaient trop disséminés, trop peu organisés, trop loin de Paris, où les mouvements politiques se concentraient, pour pouvoir participer aux crises politiques soudaines.

Le cœur de la Révolution, ce furent les faubourgs de Paris : à proximité du siège du gouvernement, rassemblés par la politique même du régime des privilèges, se trouvaient les éléments les plus actifs et les plus résolus, des gens qui n'avaient rien à perdre et tout à gagner.

Ce furent eux qui protégèrent l'Assemblée Nationale des attaques de la cour, qui, par le soulèvement du 14 Juillet, non seulement prirent la Bastille, dont les canons menaçaient le faubourg révolutionnaire de Saint-Antoine, mais étouffèrent dans le germe une tentative contre-révolutionnaire de Versailles, et donnèrent le signal à la révolte générale des paysans. Ce furent eux qui brisèrent une deuxième tentative de la cour, qui, avec l'aide d'une partie de l'armée restée fidèle, voulait abattre la Révolution : ils firent le roi prisonnier et le ramenèrent à Paris sous leur garde (5/6 octobre 1789).

Mais bientôt les sans-culottes, après avoir été des alliés de la bourgeoisie, devinrent ses maîtres. Leur autorité, leur puissance, leur maturité, leur fierté s'accrurent à chaque bataille où leur intervention opportune et toute-puissante sauvait la Révolution. Plus la situation devint dangereuse pour la Révolution, plus l'action des faubourgs révolutionnaires devint aussi nécessaire, plus exclusive leur domination. Elle atteignit son apogée au moment où les monarchies coalisées de l'Europe se ruèrent sur la France, tandis que la contre-révolution éclatait en plusieurs provinces et que le roi et les chefs de l'armée conspiraient avec l'ennemi. Ce n'est pas la Législative, ce n'est pas la Convention, qui sauvèrent alors la Révolution, mais les sans-culottes. Ils s'emparèrent du club des Jacobins, et avec lui d'une organisation dont le centre était à Paris et qui se ramifiait sur toute la France ; ils s'emparèrent de la Commune de Paris et disposèrent par elle d'énormes moyens de puissance ; et grâce au club des Jacobins et grâce à la Commune, — et là où ils ne suffisaient pas, par l'insurrection, — ils dominèrent la Convention, ils dominèrent le gouvernement, ils dominèrent la France : en pleine guerre, dans la situation la plus critique, entourés de dangers de toutes parts, menacés d'une ruine complète, ils exercèrent le droit de guerre le plus impitoyable, ils opposèrent l'excès de la force à l'excès du danger, et ils étouffèrent non seulement toute résistance, toute trahison, mais même toute possibilité de résistance et de trahison, dans le sang des suspects.

Mais le terrorisme n'était pas seulement une arme de guerre, destinée à abattre l'ennemi de l'intérieur et à inspirer aux défenseurs de la Révolution une confiance absolue dans la lutte contre les ennemis extérieurs.

La guerre avait aidé les sans-culottes à s'emparer du pouvoir. Mais ils voulaient la guerre pour un Etat, pour une société selon leur cœur. On avait renversé la féodalité, mais non le capitalisme, qui déjà, sous le régime des privilèges, avait levé la tête. Et précisément la chute de la féodalité avait permis au capitalisme, à l'exploitation capitaliste de prendre un rapide essor. Supprimer, ou tout au moins limiter les différentes sortes d'exploitation capitaliste, en particulier le commerce, la spéculation et l'agiotage, parut bientôt aux sans-culottes aussi nécessaire que combattre la contre-Révolution. Mais renverser le capitalisme par la base était alors chose impossible : les conditions pour le passage à une forme de production nouvelle, supérieure, n'étaient pas encore données.

Aussi les sans-culottes se trouvaient-ils dans une impasse. Les circonstances leur avaient mis en main le pouvoir, mais ne leur permettaient pas de créer des institutions qui pussent d'une manière durable servir leurs intérêts. Eux, qui gouvernaient toute la France, ils ne purent ni ne voulurent vaincre la misère, que l'essor rapide du capitalisme amenait avec lui et que la guerre augmentait encore ; ils furent forcés d'intervenir dans la vie économique par des mesures violentes, réquisitionner, fixer un maximum, guillotiner les exploiteurs, les spéculateurs, les joueurs de Bourse, les usuriers et les marchands frauduleux : mais tout fut vain. L'exploitation capitaliste était comme une hydre : plus on lui coupait de têtes, plus il lui en poussait. Pour la combattre, les sans-culottes durent aller d'excès en excès ; ils durent déclarer la Révolution en permanence, accentuer de jour en jour le système de la terreur, que la guerre rendait déjà nécessaire, car par leur lutte contre le capitalisme ils se mettaient de plus en plus en opposition avec les besoins de la production, avec les intérêts des autres classes.

Mais lorsque les victoires des armées françaises, au dedans et au dehors, eurent consolidé la situation de la République, la terreur cessa d'être une nécessité pour le salut de la Révolution. Elle devint chaque jour plus intolérable : elle n'était plus qu'un obstacle à l'essor économique. Et tandis que leurs adversaires se fortifiaient rapidement, les sans-culottes, déjà décimés par leurs perpétuelles luttes intestines, virent leur puissance décliner parmi les désertions et le relâchement général. Plus les armes de la France étaient victorieuses, et plus les sans-culottes perdaient de crédit vis-à-vis de l'armée et de la bourgeoisie, qui maintenant relevait la tête et achetait les gueux mercenaires. Ils perdirent leurs positions l'une après l'autre, jusqu'au jour où finalement ils furent réduits à une complète impuissance.

On a vu dans leur chute — qui commence avec celle de Robespierre (9 thermidor ou 27 juillet 1794), qu'avait précédée celle d'Hébert, et qui fut consommée au 4 prairial (24 mai 1795) — le naufrage de la Révolution. Comme si un événement historique, un fait, résultant des rapports sociaux réels, pouvait « faire naufrage » ! Une entreprise projetée par des individus, une révolte, une émeute peuvent échouer, mais non un processus historique, dont une Révolution est le terme ; une Révolution qui échoue n'est pas une Révolution. Une Révolution peut aussi peu échouer qu'un orage. Dans un orage, il peut bien arriver que des navires fassent naufrage, et dans une Révolution des partis ; mais il ne faut pas identifier la Révolution avec ces partis, ni confondre les buts de ceux-ci avec ceux de celle-là.

Les Jacobins et les faubourgs de Paris ont échoué, parce que les circonstances ne permettaient pas une Révolution petite-bourgeoise ou prolétarienne, et que leur œuvre était incompatible avec la Révolution capitaliste. Leur action n'a pas été vaine cependant. Ce sont eux qui ont sauvé la Révolution bourgeoise et détruit le régime féodal, et cela de telle sorte que pareille chose ne s'était pas encore vue en aucun pays du monde ; ce sont eux qui ont aménagé et préparé le terrain sur lequel, sous le Directoire et sous l'Empire, en l'espace de quelques années, une nouvelle forme de production, une nouvelle société devaient prendre un essor si rapide et si merveilleux. L'ironie est grande ! Ce sont les plus mortels ennemis des capitalistes qui involontairement accomplirent pour les capitalistes ce que les capitalistes à eux seuls n'auraient jamais pu faire !

Mais le combat des petits bourgeois et des prolétaires révolutionnaires de France, en particulier de Paris, même terminé par leur défaite, n'a pas été sans résultats pour eux. La puissance gigantesque qu'ils ont fait éclater, le rôle historique énorme qu'ils ont joué, leur ont donné une fierté et une maturité politiques qu'ils ne devaient point perdre et qui sont encore vivaces aujourd'hui. Les traditions jacobines jettent encore comme une lueur juvénile sur le radicalisme bourgeois de la France ; et il n'est pas de pays en Europe où, malgré sa sénilité, le radicalisme soit plus vigoureux qu'en France, si bien qu'il traîne encore à sa remorque une partie, à la vérité chaque jour décroissante, du prolétariat.

La « pâle crainte » fait voir à nos historiens un communiste dans chaque Jacobin. La vérité, c'est que les traditions jacobines sont aujourd'hui parmi les obstacles les plus sérieux qui entravent en France la formation d'un grand parti ouvrier, un et indépendant (1).

(1) Ce petit ouvrage a été écrit il y a dix ans.

IX

LES PAYSANS

Si les artisans, les prolétaires, et toute la petite bourgeoisie des villes étaient misérables, plus misérable encore était la situation des paysans. A Paris, le peuple ne laissait pas d'être touché par le mouvement des idées : concentré d'ailleurs par grandes masses dans d'étroits faubourgs, à proximité du gouvernement, sa cohésion et son intelligence lui donnaient quelque force de résistance, et il pouvait agir directement sur les pouvoirs publics. On le pressurait, sans doute : mais, avec les paysans, comme l'on s'en donnait à l'aise ! Isolés, disséminés, loin de tout mouvement intellectuel, ils n'avaient aucun moyen de résistance : à peine s'ils pouvaient faire entendre leurs doléances !

La noblesse, le clergé, la bureaucratie d'Etat et des villes, presque tous les privilégiés, étaient entièrement ou en partie exemptés d'impôts directs : tout le poids des impôts retombait sur les paysans. Ils donnaient parfois au fisc jusqu'à 70 0/0 de leur revenu net ; en moyenne, les impôts absorbaient 50 0/0 de ce revenu.

Pour le service militaire, c'était les paysans qui fournissaient le plus gros contingent à la milice, où chaque année 60.000 hommes étaient engagés. La noblesse, par contre, était exempte de service. Et elle avait cependant l'impudence de justifier son exemption d'impôts, en prétendant qu'elle payait l'impôt du sang et qu'elle était seule à le payer : en réalité, elle avait fait de ce devoir périlleux et onéreux — pour autant qu'elle s'en acquittait — un privilège très lucratif, grâce auquel elle exploitait le pays. Lui reprochait-on qu'il était injuste de n'enrôler que des paysans, un défenseur de la noblesse croyait faire une réponse péremptoire, en disant que seuls les paysans pouvaient supporter d'être aussi misérablement traités et entretenus que l'étaient les soldats.

Le paysan seul accomplissait les corvées pour la construction des routes ; sur lui pesaient les frais de logement, de service des relais, lors des transports de troupes.

Les charges que l'entretien de l'Etat moderne imposait au paysan, croissaient tous les jours ; et en même temps, les charges féodales se maintenaient, entraves à toute amélioration de la culture, causes de décadence.

Le paysan ne pouvait pas planter ce qu'il voulait ; la dîme reposait sur les plantes depuis longtemps connues, et en cultiver de nouvelles, comme la pomme de terre ou la luzerne, lui était de mille manières interdit. Introduire un meilleur procédé de culture, passer, par exemple, de la culture à trois assolements à la culture à assolements alternatifs, lui était très difficile. Les restes du régime des servitudes entravaient le progrès agricole dans une mesure plus grande encore.

A tout instant, lors des travaux les plus urgents, le paysan pouvait être appelé à la corvée. S'était-il libéré, par des dons d'argent, des corvées sur les terres du seigneur, les corvées pour la construction des routes et les services de relais, aux transports de troupes en particulier, étaient devenues une charge plus lourde encore.

La moisson croissait-elle, il était presque impossible au paysan de la protéger contre le gibier, contre les lapins et les pigeons du « gracieux » seigneur. La chasse était un droit réservé à la noblesse ; elle avait aussi le droit d'entretenir des lapins et des volières, et elle faisait de ces privilèges l'usage le plus lucratif : ce n'était pas elle, mais les paysans, qui avaient à nourrir les lapins et les pigeons, et l'on pense si c'était de bon cœur, puisque ces animaux devaient ravager leurs champs. Il arrivait qu'on les obligeait à ne semer que pour le gibier. Les garde-chasses avaient le droit de coucher bas quiconque tuait seulement un lièvre ou un lapin. Taine trouve singulier que, au moment même où « les mœurs s'adoucissaient » et où « les lumières se répandaient », la barbarie de la chasse s'accrût (1). Mais la chasse était pour la noblesse autant un moyen d'exploiter le paysan que de s'amuser, et, au fur et à mesure que la noblesse devenait plus parasite, sa recherche ardente des plaisirs et sa furie d'exploitation grandissaient. « L'adoucissement des mœurs » ne se manifestait que dans les rapports des seigneurs entre eux et avec les hommes d'argent. On laissait croître de plus en plus le gibier, même le plus nuisible : dans le Clermontois, sur les biens du prince de Condé, de jeunes loups furent amenés en grandes quantités, élevés avec soin, pour être lâchés l'hiver et chassés. Mangeaient-ils les brebis du paysan, voire ses enfants ? C'est ce qui préoccupait fort peu ces nobles seigneurs, qui dans leurs salons savaient si spirituellement et si joliment discourir sur l'humanité.

Le roi, en sa qualité de premier seigneur du royaume, était le premier chasseur de France (2), et, par conséquent, un des plus grands dévastateurs de la campagne. Dans les environs de Paris, en particulier, ses chasses réservées rendaient presque impossible toute culture. Dans les onze capitaineries des environs de la capitale,

(1) Taine, *Origines de la France contemporaine, l'Ancien Régime*, p. 74.

(2) Ses domaines comprenaient 1 million d'arpents de forêts de chasse, sans compter les bois qui servaient à l'exploitation des salines et à d'autres exploitations industrielles.

le gibier exerçait autant de dégâts que « le passage de onze régiments de cavalerie ennemie ». Louis XVI, on le sait, avec la serrurerie, n'avait qu'une passion : la chasse. Le 14 juillet, le jour de la prise de la Bastille, on ne trouve sur son journal que ce cri de douleur : pas de chasse !

Un règlement de 1762 défendit aux paysans de clôturer, dans l'étendue d'une chasse royale, leurs champs et leurs jardins pour en écarter le gibier, et interdit à tout le monde, même aux propriétaires, l'entrée des champs, du 1er mai au 24 juin, pour ne pas troubler les perdrix dans leur couvée. L'ivraie, pendant ce temps, pouvait croître à l'aise!

Même en 1789, lorsque déjà le soulèvement contre le régime féodal avait éclaté, 108 « remises » pour lièvres et perdrix, malgré les protestations des paysans lésés, furent encore construites à nouveau rien que dans un canton de la capitainerie royale de Fontainebleau.

Et Louis XVI était, comme on le prétend, un doux et bon seigneur ! Comment dès lors agissaient les autres, les « sans-cœur » ?

Si, malgré tous ces obstacles, le paysan parvenait à obtenir une récolte, croit-on qu'il pouvait la mettre aussitôt en grange ? Nullement : les moissons fauchées devaient rester couchées sur le champ, jusqu'à ce que les receveurs eussent compté les gerbes et déterminé le montant de la contribution en nature. S'il survenait un orage pendant l'intervalle, la récolte était perdue.

La moisson était-elle enfin rentrée, le paysan n'était pas encore libre de l'employer à son gré. Il devait pressurer son vin dans le pressoir du seigneur, moudre son blé dans le moulin du seigneur, faire cuire son pain dans le four du seigneur. Essayer de tourner cette obligation était sévèrement interdit. Le paysan ne pouvait posséder un moulin à bras, sans en avoir acheté cher le droit. Pressoir, moulin et four à cuire étaient affermés, et se trouvaient, comme bien on pense, dans le plus lamentable état : ils ne fonctionnaient que lentement et mal. A quoi bon les tenir en état, puisque la loi assurait au fermier une clientèle fixe ?

Si le paysan, malgré toutes ces institutions, destinées non seulement à l'exploiter, mais à réduire au minimum le produit de son travail, obtenait encore un excédent, qu'il pouvait porter sur le marché, là aussi il rencontrait des obstacles. Il ne pouvait vendre son vin que quatre ou six semaines après la cueillette ; pendant ce temps, le seigneur avait le monopole de la vente. Les routes de la campagne étaient misérables, les douanes et les droits du marché fort élevés. Et le paysan pouvait s'estimer très heureux s'il arrivait à vendre de son excédent assez pour payer les frais de transport !

Mais il parvenait bien rarement à produire un excédent ! Ce n'était pas assez de toutes ces exactions et tracasseries « légales », que nous ne pouvons qu'indiquer, et dont la citation s'allongerait indéfiniment (Wachsmuth, dans son *Histoire de France au temps de la Révolution*, ne compte pas moins de 150 sortes de droits féodaux, qui furent abolis sans indemnité par la nuit du 4 août) : le paysan était encore livré sans défense aux fonctionnaires du roi et du seigneur, qui, comme bien on pense, lui tiraient jusqu'au dernier sou. Le paysan ne pouvait se sauver d'une ruine complète qu'en se donnant l'apparence d'une misère lamentable. Aussi, pitoyable était sa demeure, pitoyables son bétail, ses instruments de travail, ses champs. S'il parvenait à sauver quelque chose, c'était sous la forme de gros écus, faciles à soustraire aux yeux fureteurs des « serviteurs de la loi ». L'argent était le plus souvent consacré à l'achat d'un nouveau champ, mais non à l'amélioration de la culture. Toute augmentation du revenu foncier aurait eu pour conséquence une élévation correspondante des taxes.

Pour la plupart des paysans, l'état lamentable de la culture, à laquelle les procédés les plus primitifs étaient appliqués, était une nécessité inévitable ; un petit nombre seulement parvenaient à garder, enfoui quelque part, un petit trésor. Le sol, à qui l'on ne donnait aucune fumure, devenait chaque jour et à vue d'œil plus improductif ; les mauvaises récoltes succédaient aux mauvaises récoltes. Et il n'y avait pas trace, naturellement, de réserves : survenait-il une année mauvaise, la détresse la plus terrible en était l'inéluctable effet. Beaucoup de paysans, après de telles années, ne pouvaient plus continuer à exploiter leurs champs. Ils abandonnaient la glèbe, la campagne se dépeuplait à vue d'œil. Déjà, en 1750, Quesnay convenait qu'un quart du sol labourable était inculte ; à la veille de la Révolution, Arthur Ioung raconte qu'un tiers du pays (plus de 9 millions d'hectares) restait désert ! D'après la Société d'économie rurale de Rennes, les deux tiers de la Bretagne étaient en friche.

Et pendant que le nombre des paysans diminuait, les impôts, se répartissant sur un plus petit nombre de têtes, augmentaient rapidement. Rien d'étonnant si, finalement, dans beaucoup de cantons ruraux, toute la population menaçait de fuir, mais où ? L'émigration à l'étranger était alors pour les paysans quasi impossible ; ils se pressaient dans les villes, comme journaliers ; mais là ils trouvaient encore des barrières féodales, le monopole des corporations, qui devenait d'autant plus intolérable que la prolétarisation de la campagne augmentait ; ils s'entassaient dans les faubourgs de Paris, où le régime corporatif n'était pas en vigueur, et venaient grossir la masse des futurs « sans-culottes ».

D'autres se laissaient embaucher dans l'armée, non certes par enthousiasme pour la cause des privilégiés, qu'ils devaient défendre : n'était-ce pas à cause d'eux qu'ils étaient réduits à cette misère sans issue? Il ne leur manquait au contraire qu'une impulsion, pour qu'ils se soulevassent contre leurs bourreaux.

La plupart de ces « expropriés » tombaient dans le « prolétariat de gueux », dont le nombre croissait rapidement, malgré les peines brutales que l'on appliquait aux mendiants et aux vagabonds. Alors, comme aujourd'hui, les dirigeants s'imaginaient qu'on ne pouvait être sans propriété ou sans travail que par sa faute. Une ordonnance de 1764 punissait la mendicité et même le manque de travail, de trois ans de galères ; et pourtant, le nombre de mendiants, en 1777, était de 1.200.000. Nous ne savons comment ce chiffre a été établi. Il peut reposer sur une simple estimation : il n'en témoigne pas moins combien la misère était alors devenue terrible (1).

(1) Voir ch. VIII. Sur le prolétariat en haillons, en France, avant la Révolution, voici ce que dit Kareiew, dans son ouvrage déjà cité : *Les Paysans*, p. 211-214 : nous traduisons quelques passages, gracieusement mis à notre disposition par notre ami Frédéric Engels.

« Il est remarquable que le nombre des indigents était le plus grand de beaucoup dans les provinces mêmes qui passaient pour être les plus fertiles ; la cause en était, que dans ces provinces il n'y avait que très peu de paysans propriétaires. »

Nous laissons parler les chiffres : à Argentré (Bretagne), sur 2.300 habitants qui ne vivent pas du commerce et de l'industrie, plus de la moitié vit dans le dénûment, et plus de 500 personnes sont réduites à la mendicité. A Vainville (Artois), sur 130 familles, 60 sont dans la misère. Si nous regardons en Normandie : à Saint-Patrice, sur 1500 habitants,

Ceux qui avaient le poing solide et qui n'avaient pas froid aux yeux méprisaient pourtant l'humiliante mendicité, qui ne rapportait que coups de pied et misère. Ils se rassemblaient par bandes

400 vivent d'aumônes ; à Saint-Laurent, sur 500 hab., les trois quarts (Taine). Des cahiers du bailliage de Douai, nous apprenons que, par exemple, dans un village de 332 familles, la moitié vit d'aumônes (curé de Bouvignies) ; dans un autre village, sur 143 familles, 69 sont indigentes (curé d'Aix), et dans un 3e, sur 413, environ une centaine vivent entièrement de mendicité (curé de Landus), etc. Dans la sénéchaussée de Puy-en-Velay, d'après le cahier du clergé, sur 120.000 hab., 58.897 sont hors d'état de payer impôt ou quoi que ce soit (*Archives parlementaires de 1787 à 1860*, vol. V, p. 467). Dans les villages du district de Carhaix, on trouvait les proportions suivantes : Frerogan : 10 familles aisées, 10 indigentes, 10 vivant de mendicité. Montref : 47 familles d'aisance moyenne, 74 moins bien partagées, 64 familles de pauvres et journaliers. Paule : 200 ménages, à qui, la plupart du temps, le nom de mendiant convient (*Archives nationales*, liv. IV, p. 17). Le cahier du curé de Marbœuf se plaint que sur 500 habitants de ce village, il y ait environ 100 mendiants (Boivin-Champeaux, *Notice historique sur la Révolution dans le département de l'Eure*, 1872, p. 83). Les paysans du village d'Harville disent que, faute de travail, un bon tiers d'entre eux sont dans la mendicité (requête des habitants de la commune d'Harville, *Archives nationales*).

Dans les villes, la situation n'est pas meilleure. A Lyon, il y avait, en 1787, 30.000 ouvriers réduits à mendier. A Paris, sur 680.000 hab., 118.784 se trouvaient dans la misère (Taine, p. 507). A Rennes, un tiers de la population vivait d'aumônes, et un autre tiers se trouvait en perpétuel danger de tomber à l'état de mendicité (Du Chatelier, *L'Agriculture en Bretagne*, Paris, 1863, p. 178). La petite ville de Lourletaunier, dans le Jura, était si pauvre que, lorsque la Constituante établit le cens électoral, sur

armées, et prenaient par la force ce dont ils avaient besoin. Ces bandes de brigands faisaient la terreur des campagnes.

Mais, même parmi les paysans que leur propriété ou le joug féodal attachait encore à la glèbe, l'esprit de révolte s'éveillait chaque jour davantage. Les fonctionnaires du roi et de la féodalité rencontraient à chaque instant une résistance violente. Isolées, incohérentes, ces révoltes des paysans furent en général sans peine réprimées. Mais il ne fallut qu'un événement dans la capitale, montrant que le moment du combat décisif était venu, et la haine, longtemps contenue, fit explosion partout en même temps, irrésistible ; la guerre civile latente éclata au grand jour. Cet événement, ce fut la prise de la Bastille : une mauvaise récolte, un hiver terriblement dur et les élections aux Etats généraux avaient déjà monté les esprits à un haut degré d'exaltation (1). D'un coup, devant

6.518 habitants, 728 seulement furent comptés comme citoyens actifs (Sommier, *Histoire de la Révolution dans le Jura*, Pau, 1846, p. 33). Il est vraisemblable qu'au temps de la Révolution, les gens vivant d'aumônes se comptaient par millions. Ainsi, une brochure cléricale de 1791 affirme qu'il y avait en France 6 millions d'indigents (*Avis aux pauvres sur la révolution présente et sur les biens du clergé*, p. 15), ce qui pourtant est quelque peu exagéré. Mais le chiffre donné pour l'année 1777, de 1.200.000 mendiants, n'est peut-être pas au-dessous de la vérité (Duval, *Cahiers de la Marche*, Paris, 1873, p. 116).

(1) La grêle et la sécheresse avaient porté gros préjudice au revenu du paysan, dans l'année 1788; fin décembre

le soulèvement des paysans, l'édifice féodal croula tout entier ; avec les châteaux féodaux, l'ancien régime disparut dans les flammes. Et lorsque, dans la nuit fameuse du 4 août, les privilégiés, au milieu d'un enthousiasme général, sacrifièrent leurs privilèges, ils ne renonçaient qu'à ce qu'ils n'avaient déjà plus, pour sauvegarder le reste.

A la vérité, le soulèvement des paysans ne fut pas général.

Nous avons déjà vu, quand nous avons dépeint l'état de la noblesse, qu'en France, avant la Révolution, il y avait des provinces éloignées, où la féodalité et les formes du catholicisme qui lui correspondent, avaient encore leurs racines dans le mode de production, où ce qui ailleurs était devenu des chaînes insupportables, servait encore de bouclier protecteur. Dans ces provinces, chaque village vivait et produisait encore pour lui-même, selon l'ancien mode. La patrie du paysan ne s'étendait pas plus loin que le clocher de son village : ce qui était au delà de cet horizon étroit était pour lui « l'étranger » dont il n'avait nul besoin, avec qui il ne voulait avoir aucun rapport, n'attendant de lui que désordre et pillage. Régler les relations avec cet étranger, assurer la défense du pays contre lui, était l'affaire du curé et du seigneur. Et voilà que cet étranger, conduit

1788, le thermomètre, à Paris, tomba à 18 3/4 degrés Réaumur ! Dans le seul faubourg Saint-Antoine, on compta alors 30.000 indigents.

par Paris tant détesté, se mêlait maintenant de lui faire la loi, et de vouloir l'appliquer avec plus de vigueur que n'avait jamais fait l'ancienne monarchie ! Et quelles lois ! Des lois qui étaient en contradiction plus aiguë avec ses habitudes, sa manière de produire, que les lois et ordonnances de l'ancienne monarchie, des lois qui foulaient aux pieds tout ce qu'il respectait et vénérait, et ruinaient l'organisation corporative de la famille et de la commune, sur laquelle reposait son mode de production ! Cet étranger enfin, l'ennemi pour lui, allait jusqu'à lui ravir ses fils — chose qui ne s'était jamais vue — pour les obliger au service militaire (1) !

Les nobles et les curés, surtout en Vendée et dans le Calvados, n'eurent pas besoin d'exciter beaucoup les paysans pour les soulever contre la Convention de Paris : n'avaient-ils pas toujours réglé leurs rapports avec « l'étranger » ?

La masse des paysans, dans les autres parties de la France cependant, n'était nullement avec eux. Ils étaient attachés à la Révolution par des liens solides. La restauration de l'ancienne monarchie, c'était pour eux la restauration de la vieille oppression féodale, de la vieille misère féodale. Elle les eût, en partie, menacés

(1) En février 1793, la Convention promulgua une loi de conscription qui établissait le service obligatoire pour tous les Français non mariés, de 18 à 40 ans ; mais elle permettait le remplacement.

de la perte de leurs biens. L'Assemblée Nationale avait déclaré les biens de l'Eglise biens nationaux et confisqué les biens des émigrés. Les uns comme les autres furent mis en vente, et si cette mesure servit pour beaucoup à enrichir des spéculateurs, elle offrit cependant aux paysans la possibilité d'accroître leur lopin de terre d'un nouveau fonds, ce qui leur fut, autant que possible, facilité. On divisa en lots les biens du clergé, puis ceux des émigrés, on vendit ces lots contre des acomptes insignifiants, et l'on garantit le reste à de longues échéances. Beaucoup, qui, jusqu'à la Révolution, avaient possédé leurs terres comme manants censitaires, le plus souvent héréditairement, cessèrent de payer ce cens, et cherchèrent, avec succès dans beaucoup d'occasions, à se transformer en propriétaires indépendants.

Les seigneurs de la cour, pour montrer leur bravoure chevaleresque et leur loyalisme, avaient pris la fuite et laissé le roi en plan, dès que le sol était devenu brûlant sous leurs pieds. Dès la prise de la Bastille, beaucoup déjà avaient émigré, et, à leur tête, le frère du roi, le comte d'Artois. Ces « Nationalistes » et « Patriotes » intriguaient pour rentrer en France sous la protection des armées autrichiennes et prussiennes, et dans le dessein de reconquérir leurs privilèges. Leur victoire, c'était donc la restauration de la féodalité, la restitution des biens du clergé et des émigrés. Et pour qui connaît le joug sous lequel le paysan avait soupiré avant la Révolution, pour qui sait avec quel fanatisme le paysan s'attache à la terre, il n'est pas difficile de comprendre pourquoi les paysans se sont joints aux révolutionnaires de la ville et levés en masse, pour aller repousser à la frontière la contre-révolution.

Mais ce n'est point par enthousiasme pour la Législative, pour la Convention et les Jacobins de Paris, qui, dans les premières années de la guerre, à partir de 1792, gouvernèrent la France et en dirigèrent les armées, que les paysans se soulevèrent. Le paysan n'a jamais été un fervent partisan du système représentatif, sur lequel, par suite de son isolement et de sa misère intellectuelle, il a peu d'influence. Et si l'on songe qu'à cette époque, en France, l'on ne faisait que s'éveiller à la vie publique, si l'on songe au manque total d'éducation politique du peuple d'alors, comment cette influence aurait-elle pu se manifester ? Les paysans ne pouvaient pas envoyer des leurs dans les assemblées ; ils envoyaient des avocats, des médecins, des fonctionnaires, bref, des gens de la ville, qui, siégeant à Paris, étaient livrés aux influences de la « masse révolutionnaire » de la capitale. Dès que les intérêts de cette masse vinrent en conflit avec ceux des paysans, ceux-ci, naturellement, furent laissés de côté dans la législation et l'administration. Et de tels conflits ne manquèrent pas de se produire. Pour satisfaire les masses indigentes des petits bourgeois et des prolétaires de Paris, les différentes assemblées légiférantes durent sacrifier ou la bourgeoisie ou les paysans. On pense bien qui elles préférèrent sacrifier. Mais entre la petite bourgeoisie elle-même et les paysans, il éclata des conflits : celle-là cherchait à avoir le pain à bon marché, ceux-ci à tirer le plus possible de la vente de leurs produits. L'antagonisme atteignit son apogée, lorsque les Jacobins, après la chute des Girondins, eurent la pleine hégémonie : ils décrétèrent le maximum, la réquisition, non seulement pour l'armée, mais aussi pour Paris, où la détresse était effroyable ; et ces mesures qui atteignaient en première ligne les commerçants et les spéculateurs frappaient aussi les paysans (1).

L'institution révolutionnaire pour laquelle le paysan avait le plus d'enthousiasme, c'était la nouvelle armée, avec son organisation démocra-

(1) La cause de cette détresse était la guerre contre l'extérieur, qui non seulement absorbait beaucoup de vivres pour l'entretien de l'armée, mais entravait aussi l'importation. Peut-être les guerres civiles à l'intérieur avaient-elles une action plus ruineuse encore. Et les paysans révolutionnaires eux-mêmes, que l'avidité des fermiers généraux et des fonctionnaires ne forçait plus à vendre à n'importe quel prix une bonne partie de leur récolte, montraient une tendance à conserver par devers eux leur provision de blé : les petits paysans, parce qu'ils produisaient à peine assez pour leurs propres besoins, les gros propriétaires et les gros fermiers, pour faire hausser les prix, qui, étant données toutes ces circonstances, montaient rapidement.

tique, et où chaque soldat portait dans sa giberne son bâton de maréchal. Cette armée, formée surtout de fils de paysans, leur offrait la carrière la plus brillante. Restât-il simple soldat, l'armée n'en était pas moins, aux yeux du paysan, non seulement la sauvegarde de la liberté nouvellement conquise, du sol nouvellement acquis contre la féodalité qui menaçait de revenir avec le secours de l'Europe, mais encore un moyen de s'enrichir par le butin.

Cette considération n'est pas à dédaigner. Les guerres de la Révolution ont été, pour le développement économique de l'Angleterre et de la France en particulier, de la plus grande importance. Elles mirent l'Angleterre en possession, partie momentanée, partie définitive, des colonies, non seulement de la France, mais aussi de la Hollande qui, en 1795, tomba au pouvoir des Français, et de l'Espagne, qui, en 1796, se vit forcée de conclure avec ceux-ci une alliance. Elles permirent en outre à l'Angleterre de se livrer à un pillage ininterrompu des flottes et des côtes de ces pays.

Mais la France se rattrapa sur la Belgique, la Hollande, l'Italie, l'Egypte, la Suisse, l'Allemagne, etc. Non seulement les soldats pillèrent ces pays selon leur bon plaisir : ce qu'ils prirent n'est que bagatelle au prix des sommes énormes que les généraux et les commissaires extorquèrent, partie pour eux-mêmes, partie pour le trésor public, lequel, de son côté, était pillé par les fournisseurs avides et les « hommes d'Etat ». La guerre, après la chute des Jacobins, devint une « bonne affaire », la meilleure, en ce temps-là ; c'est par elle que les trésors amassés par la féodalité dans les pays que nous venons de citer et gisant, improductifs, dans les églises, les monastères et les cassettes des princes, comme aussi les richesses des vieilles républiques marchandes de Hollande et d'Italie, vinrent affluer en France pour y servir à la production capitaliste. L'Etat français, à la veille même de la banqueroute, soudain devint riche, et riches tous ceux qui furent en mesure de piller le trésor public. Les grandes fortunes poussaient comme des champignons et cherchaient des placements avantageux. En même temps les guerres victorieuses élargissaient le marché de l'industrie française ; elle n'était pas moins favorisée par la nouvelle manière de faire la guerre. Aux armées permanentes, relativement petites, de l'ancienne monarchie, la France révolutionnaire avait substitué la levée en masse : c'était là pour l'industrie l'obligation d'habiller et d'armer rapidement de grandes masses d'hommes, et la nécessité, d'industrie de luxe qu'elle avait été surtout jusque-là, de se transformer en industrie moderne fabriquant par grandes quantités.

Pour l'Etat, la banqueroute évitée ; pour les paysans, la protection de leur nouvelle propriété et la possibilité pour leurs fils d'une riche et brillante carrière ; l'occasion, pour les gens de la finance, les marchands et les entrepreneurs capitalistes, de gros profits ; les ouvriers sans travail, occupés : — c'était l'armée qui procurait tous ces avantages. Et si l'on veut comprendre l'importance politique qu'elle finit par avoir, il ne faut pas oublier l'importance qu'elle eut pour le développement économique de la France. Car, que les Français se soient soudain épris de gloire militaire, que ce petit mot de « gloire » leur ait à tous, en même temps, dérangé la cervelle et enflammé le cœur pour la politique de conquêtes et le culte de Napoléon, c'est là vraiment une hypothèse par trop « idéaliste ».

Un général victorieux, étant donnée cette importance de l'armée, devait devenir, *à priori*, un facteur politique de premier ordre dans la vie sociale de la France. Et dès qu'il arriverait à se rendre maître de l'administration publique, sa puissance devait devenir absolue. La Révolution elle-même avait accru et fortifié, dans tous les sens, le puissant appareil de la bureaucratie, qu'elle avait recueilli de l'ancien régime, et qui en avait été un des plus solides appuis ; elle en avait étendu les fonctions, augmenté les moyens d'action, et détruit ce qui s'opposait encore à son omnipotence, les assemblées et les privilèges de provinces et d'Etats ; en même temps, elle avait rendu la subordination des organes de l'administration publique à chaque détenteur du pouvoir central plus inconditionnée qu'elle ne l'avait jamais été ; et elle avait aboli les fonctions qui reposaient sur des privilèges ou sur l'achat, et dont les titulaires s'étaient parfois montrés si insubordonnés.

L'Etat avait donc accru d'une manière énorme sa puissance ; la bourgeoisie, par contre, n'avait pas, dans la même mesure, acquis l'énergie qui, par le parlementarisme, l'eût rendue maîtresse de cette puissance.

Une grande partie de la bourgeoisie, dans le cours de la Révolution, s'était lassée des luttes parlementaires, et soupirait après le repos, — le repos de l'oiseau de proie qui veut dévorer à l'aise sa victime. D'avance, beaucoup de bourgeois s'étaient montrés pleins de défiance et de froideur vis-à-vis de la Révolution, parfois même l'avaient récusée et combattue ; le régime de la Terreur avait encore refroidi l'enthousiasme de la bourgeoisie pour la liberté. Même parmi les idéologues, beaucoup avaient perdu leurs illusions ; ils étaient devenus « raisonnables » et avaient fini par reconnaître que la Révolution n'était pas l'affranchissement de l'humanité, mais l'affranchissement du capital ; ils consentaient à voir la liberté et le régime parlementaire, pour lesquels ils avaient combattu, confisqués par un héros : n'allait-il pas, ce héros, confisquer au profit des capitalistes français, et en faire leur humble tributaire, l'Europe tout entière ?

D'autre part, il n'y avait plus, quand la France

entreprit sa marche victorieuse au travers de l'Europe, de classe sur laquelle la bourgeoisie eût pu s'appuyer. Or, même au temps du plus grand essor révolutionnaire, elle n'avait jamais pu, seule et sans alliés, maintenir sa domination politique.

Le régime parlementaire lui échut, en France, à la suite d'un soulèvement des privilégiés contre la monarchie. Elle n'eût pas été en état de le maintenir contre la cour et ses alliés du dehors et du dedans, sans l'intervention vigoureuse des paysans, des petits bourgeois et des prolétaires. Mais les paysans combattaient, comme nous l'avons vu, non pour le système représentatif, mais contre l'absolutisme féodal. L'armée nouvelle, organisée démocratiquement et composée surtout de paysans, était l'institution pour laquelle ils avaient le plus d'enthousiasme, et si un général victorieux, qui, d'en bas de l'échelle sociale, s'était élevé à la tête de l'armée, jetait bas la domination du Parlement, pour établir sa domination absolue, bien loin de se soulever contre lui, ils l'applaudissaient de se substituer, lui, empereur des paysans, à un régime d'avocats. Quant aux sans-culottes, qui avaient fondé la République et l'avaient sauvée de l'assaut des forces féodales, ils étaient réduits à l'impuissance. Les victoires des armées françaises leur avaient enlevé leur force et la raison d'être de leur régime; la bourgeoisie les avait écrasés, au nom de ses intérêts de classe, et avait ainsi détruit la seule puissance qui eût pu s'opposer à un régime du sabre.

La vieille monarchie, cependant, ne pouvait être restaurée, l'empire ne signifiait pas le retour de l'exploitation féodale, il était bien plutôt, comme le régime terroriste des Jacobins, un instrument de la Révolution. Les Jacobins sauvèrent la Révolution en France ; Napoléon révolutionna l'Europe.

X

L'ÉTRANGER

Avant de clore notre exposé, nous voudrions jeter un coup d'œil sur les agissements des féodaux, de la noblesse et des cours en dehors de la France, agissements qui n'ont pas été sans exercer leur influence sur le développement de la Révolution.

Un désaccord entre la royauté et la noblesse, en France, à la veille même de la Révolution, est déjà incroyable ; mais comment concevoir qu'au lendemain même de la catastrophe, un tel désaccord ait pu se produire entre les monarchies européennes, et qu'au nom d'intérêts éphémères, des luttes aient pu s'élever entre ceux dont les intérêts permanents et généraux réclamaient précisément l union la plus rigoureuse ? Nous allons signaler, parmi ces luttes, quelques-unes des plus importantes.

Le Habsbourg Joseph II, avec une grande énergie et une grande hardiesse, avait accompli dans ses Etats une série de réformes radicales dans le sens du « despotisme éclairé ». Il s'était débarrassé des assemblées d'Etat, et avait mis les privilégiés sous la domination de sa bureaucratie, tels de simples mortels, — c'est ce qu'on appelait alors introduire « l'égalité devant la loi », la loi, à la vérité, n'étant rien d'autre que la volonté de l'autocrate. La noblesse perdit son immunité d'impôts, sa domination illimitée sur les paysans ; le clergé, de nombreux monastères ; la noblesse bureaucratique, dont les charges s'achetaient, et qui, particulièrement en Belgique (alors au pouvoir des Habsbourgs), était très puissante, ses grasses sinécures. Aussi, violente agitation parmi les privilégiés, murmures et résistances ; la Hongrie et la Belgique, dans le courant de 1789, se soulèvent, secrètement excitées par la Prusse (1), qui veut affaiblir l'Autriche. « L'ambassadeur prussien à Vienne, Jacobi, était en étroites relations avec les chefs de l'opposition et se réjouissait de tout ce qui pouvait hâter la révolte contre l'empereur. » Ainsi parle — et certes cet historien n'est pas de parti pris — M. de Sybel (*Histoire de la Révolution*, I, 103).

(1) Ce n'était pas la première fois qu'un gouvernement prussien cherchait à profiter des soulèvements de Hongrie. Déjà Frédéric II tenait pour très avantageux de gagner la « confiance » et « l'attachement » de « ces braves gens » (Adam Wolf, L'*Autriche sous Marie-Thérèse, Joseph II et Léopold II*. Berlin, 1883, p. 299).

L'opposition de la noblesse hongroise est compréhensible, elle avait encore assez de forces pour défendre elle-même ses intérêts, et n'avait pas besoin du secours de la monarchie. C'est elle, et non le gouvernement, qui avait réprimé le soulèvement des paysans de 1784 et 85. Il en allait tout autrement en Belgique. Là, la noblesse féodale était tout aussi impuissante, sa position était tout aussi menacée qu'en France, et pourtant, l'exemple de la France ne lui servit point d'avertissement. Etourdiment, aussitôt après la prise de la Bastille et la nuit du 4 août, elle se souleva de concert avec les démocrates et proclama la Belgique une république indépendante ; le 7 janvier 1790, les Etats des différentes provinces belges se constituèrent en « Etats-Unis de Belgique » : à vrai dire, ce n'était pas sur le modèle américain, mais sur le vieux modèle féodal.

Mais, à peine la liberté fut-elle conquise, que le divorce éclata entre les privilégiés et les défenseurs du droit du peuple, qui voulaient imiter l'exemple de la France. La Prusse, par-dessus le marché, abandonna ses alliés. Au lieu de déclarer la guerre à l'Autriche, comme il semblait que ce fût le moment, elle s'unit avec la monarchie des Habsbourgs dans l'entrevue de Reichenbach (27 juin 1790).

Sur ces entrefaites, Joseph II mourut, et son successeur Léopold II se montrant disposé aux concessions, la Hongrie fut vite apaisée et l'insurrection isolée, incohérente des Belges promptement réprimée (hiver 1791-92).

Mais l'épisode révolutionnaire avait secoué le peuple belge. La Belgique ne devait plus s'apaiser ; un nouveau, un réel mouvement révolutionnaire se préparait, et lorsque les Français entrèrent dans le pays (1792), il leur tomba sans peine entre les mains. Une Belgique tranquille eût été un solide point d'appui pour les opérations de la Contre-Révolution et eût menacé gravement la Révolution elle-même. L'étroite avidité de l'aristocratie, du clergé, de la noblesse bureaucratique en fit au contraire pour la France comme une porte de sortie.

La noblesse, en Suède, se montra presque plus maladroite encore qu'en Hongrie et qu'en Belgique. Gustave III lui avait enlevé, par une série de coups d'Etat, différents de ses privilèges, si bien qu'en 1789, il avait fini par conquérir le pouvoir absolu. Mais il employait la puissance et les revenus qu'il tirait de l'assujettissement de la noblesse, non au relèvement du pays, mais à des aventures puériles et coûteuses.

Héros de théâtre, visant aux effets de scène, rempli jusqu'à un degré ridicule du délire des grandeurs, il voulut jouer le rôle de défenseur en chef des intérêts monarchiques de l'Europe, en Hercule qui allait étouffer l'hydre de la Révolution. Il se mit à prêcher la croisade contre la France : il voulait remonter la Seine jusqu'à Paris sur une flotte et anéantir ce foyer de Révolution. En 1791 il vint jusqu'à Aix-la-Chapelle pour s'entendre avec les nobles français émigrés à l'effet de restaurer la monarchie. Mais pendant ce temps se préparait contre lui une conjuration de la noblesse suédoise, convaincue qu'elle pouvait de nouveau reconquérir ses privilèges en écartant le roi ; le 17 mars 1792, les balles du conjuré Ankarstrom mettaient bas le boute-feu de la Contre-Révolution, presque un an avant que les républicains de France, usant du droit de guerre, guillotinassent Louis XVI (21 janvier 1793) pour avoir comploté avec l'ennemi. C'est ainsi que la noblesse, pendant la Révolution, donna aux sans-culottes l'exemple du régicide.

Les gouvernants d'alors montrèrent des vues encore plus courtes : l'avidité la plus bornée les aveuglait. Leur coalition contre la Révolution pourrait être invoquée comme un exemple frappant par ceux qui parlent de « masse réactionnaire ». A y regarder de près, pourtant, on distingue dans cette « masse » les antagonismes les plus aigus, les scissions les plus profondes. Et la chose est assez intéressante pour que nous nous y arrêtions.

La Révolution française, à ses débuts, trouva l'Europe sur le point d'engager une guerre générale. Catherine II de Russie avait su entraîner l'empereur Joseph dans une guerre commune contre la Turquie, dans le dessein de partager cet empire. La guerre commença en 1787 du côté de la Russie, en 1788 du côté de l'Autriche. La Prusse ne pouvait assister inactive à cette guerre. Depuis Frédéric II, sa politique avait pour principe de ne souffrir aucun agrandissement de l'Autriche, sans que la Prusse en eût sa part. Si l'Autriche prenait des provinces turques, la Prusse entendait recevoir aussi un accroissement : l'Autriche aurait restitué la Galicie à la Pologne, et la Pologne aurait cédé à la Prusse, en retour, quelques territoires, avec les villes de Thorn et de Dantzig. On pense si l'Autriche consentit de plein gré à la rétrocession de la Galicie. Aussi la Prusse se préparait-elle à la guerre et cherchait-elle des alliés : et le plus simple n'était-il pas pour elle de s'allier avec ceux-là mêmes à qui elle voulait ravir un morceau de territoire, à savoir les Polonais ?

M. de Sybel, dont l'ouvrage sur la Révolution traite de l'influence du 2e et du 3e partage de la Pologne sur la Révolution française, — et, malgré le caractère tendancieux du livre, la question est, à mon sens, très approfondie, la documentation de l'auteur est très rigoureuse, — voit dans la catastrophe qui se préparait pour les Polonais la conséquence d'une « grande et profonde culpabilité » (II, p. 167), et fait un tableau saisissant de la démoralisation de la noblesse polonaise, de l'oppression et de l'exploitation qu'elle faisait subir au peuple polonais. Que M. de Sybel s'érige en juge souverain, appelé à décider de la culpabilité ou de la non-culpabilité des facteurs historiques, selon le point de vue de la « morale éternelle, intemporelle et universelle » d'un professeur prussien, nous ne lui en ferons pas un crime ; c'est l'usage parmi les historiens ; mais il est fâcheux pour « l'éternelle justice » du « Juge souverain » que les seuls Polonais aient eu à supporter « les conséquences d'une grande et profonde culpabilité », et non, avec eux, la Prusse, l'Autriche, la Russie et tous les Etats du continent, dont la noblesse montrait cependant partout la même décadence morale, — à cela près qu'elle n'avait point l'habitude de ne pas se servir de mouchoir de poche, habitude que M. de Sybel considère comme un motif de « culpabilité » ! (Liv. II, p. 173.) La seule différence entre la Pologne et ses voisins, c'est qu'elle n'était pas parvenue à développer les facteurs qui ailleurs faisaient contrepoids à la noblesse, en particulier une administration publique fortement centralisée, et une bourgeoisie puissante ; et le mouvement économique et politique, qui ne laissait pas de se faire sentir aussi en Pologne, ne pouvait se traduire dans ce pays que par la décomposition et la démoralisation de la féodalité, sans susciter les organes d'un nouveau mode de production et d'un Etat nouveau. Et si le développement social de la Pologne fut tel, la faute en est aux puissances voisines, avant tout à la Russie, qui entretinrent par leurs conseils et leurs actes, d'une manière systématique, les « éléments de désordre » en Pologne, et étouffèrent dans le germe, — au besoin, par la force des armes, — toute tentative de développement économique ou politique. La Pologne avait cessé d'être un royaume indépendant, avant de disparaître de la carte d'Europe. Seules les rivalités et les divisions des grandes puissances européennes retardèrent sa chute.

En 1772 les choses étaient déjà si avancées, que la Prusse, la Russie et l'Autriche, à la suite d'une entente réciproque, s'étaient partagé entre elles de grandes portions du territoire de la Pologne. Le reste fut, en 1775, par les puissances qui plus tard devaient former la Sainte-Alliance, soumis à une constitution « républicaine », qui rendait impossible toute administration publique régulière et érigeait l'anarchie en principe de gouvernement. La Russie domina dès lors en Pologne d'une façon presque illimitée, en partie par la corruption des chefs de la noblesse, que cette constitution avait faits tout-puissants, en partie par la terreur. Pourtant, lorsque les troupes de Catherine furent occupées avec la Turquie, les patriotes polonais crurent le moment venu de secouer le joug russe, et ils voulurent se donner une nouvelle constitution, qui devait éliminer, au moins en partie, l'anarchie féodale. La Prusse, pour nuire à sa rivale, l'Autriche, les encouragea à une offensive énergique, leur fit espérer la cession de la Galicie, sans leur rien dire naturellement de ses propres desseins sur Thorn et Dantzig, et conclut finalement, le

29 mars 1790, avec les Polonais, une alliance formelle, dans laquelle les deux parties s'engageaient à une aide mutuelle, dans le cas d'une attaque extérieure.

En même temps la Prusse s'alliait, comme nous l'avons vu, avec les rebelles de Hongrie et de Belgique.

L'Angleterre était avec la Prusse, car dès cette époque déjà elle voyait dans la Russie une puissance dont l'extension devait nuire à son commerce aussi bien dans la mer Baltique qu'en Orient. La seule puissance qui eût pu marcher contre la Prusse, c'était la monarchie française alliée à l'Autriche par le mariage. Quelle joie, aussi, à la cour de Prusse, lorsque la Révolution mit la France hors d'état d'entreprendre une guerre ! Elle comprit si peu l'importance de cet événement, son désir d'agrandissement la rendait si aveugle, qu'elle salua l'affaiblissement de la royauté française comme un heureux événement : grâce à lui, le dernier obstacle à ses plans de Pologne ne tombait-il pas (1) ! Le gouvernement de Prusse ne se

(1) « On comprend avec quelle satisfaction Hertzberg, le ministre de Prusse, accueillit la nouvelle des premiers soulèvements de l'anarchie révolutionnaire en France ; le cœur joyeux, il écrivait au roi, le 5 juillet : « En France, le crédit royal est ruiné, les troupes n'ont pas voulu marcher : Louis a déclaré au peuple qu'il considérait la séance royale comme non avenue ; cela présage une scène à la Charles Ier : *c'est une occasion dont les bons gouvernements doivent tirer profit.* » Sybel, livre I, page 161.

réjouit pas seulement de la Révolution : il entra avec elle en relations. L'ambassadeur de Prusse à Paris, le comte Goltz, noua avec le parti démocratique de l'Assemblée nationale des liens très intimes. Pétion, un député de l'extrême-gauche, fut un jour applaudi par le roi de Prusse pour un discours démocratique ; la Prusse contribua activement à faire enlever à Louis XVI la décision de la paix et de la guerre ; elle se mettait ainsi jusqu'à nouvel ordre à l'abri d'une attaque du côté de la France. Pour ne pas compromettre tout à fait Goltz, le Juif Ephraïm lui fut adjoint pour l'accomplissement de ces délicates négociations (septembre 1790), — ce même Juif qui avait participé activement au soulèvement de la Belgique dans l'intérêt de la Prusse.

Les circonstances, en 1790, étaient donc très favorables pour la Prusse : la royauté française mise hors d'état d'entreprendre une guerre ; l'insurrection victorieuse en Belgique ; la Hongrie mécontente, la Pologne et la Suède couvrant la Prusse du côté de la Russie, celle-ci et l'Autriche complètement occupées avec la Turquie qui opposait la résistance la plus vive : dans cette situation, l'Autriche paraissait livrée sans défense à la Prusse alliée à la riche Angleterre. Aussi Frédéric-Guillaume II aspirait-il à la guerre.

Mais en Autriche, sur ces entrefaites, l'impétueux et violent Joseph était mort, et à sa place était monté sur le trône le prudent Léopold (20 février 1790). Par sa souplesse il désarma ses ennemis, apaisa la Hongrie, divisa les révoltés de Belgique, interrompit la guerre avec les Turcs et conclut avec la Prusse un arrangement à Reichenbach (27 juillet 1790).

Pendant ce temps, la Révolution en France avait été si loin et montrait si clairement ses tendances hostiles à la monarchie absolue, qu'elle dut faire réfléchir les plus bornés d'entre les monarques étrangers. En fait, le danger était imminent que les idées révolutionnaires, si elles restaient victorieuses en France, ne s'emparassent aussi des pays voisins, comme l'Allemagne, la Belgique, le Piémont ; les exterminer ou tout au moins les endiguer apparut de plus en plus clairement comme le devoir de tous les monarques européens. Et ils s'en expliquèrent assez ouvertement : déclaration de Léopold à Mantoue ; sa note circulaire de Padoue ; Manifeste que l'Autriche et la Prusse lancèrent après la conclusion d'une alliance formelle à Pillnitz (27 août 1791) et dont les termes étaient hautement menaçants pour la France. L'empereur, en outre, tolérait les préparatifs des émigrés qui rassemblaient une véritable armée d'invasion sur la frontière française.

En France, on ne se faisait aucune illusion sur les intentions belliqueuses de l'Autriche et de la Prusse, et pourtant il ne se produisait rien en réalité du côté des alliés qui donnât corps à ces desseins. M. de Sybel s'est étendu longuement sur les négociations qui eurent lieu alors entre les puissances, et il croit pouvoir conclure que du côté des monarchies le plus grand amour de la paix régnait, et que la guerre fut provoquée par la France. Notre impression est tout autre. Il est vrai, les Girondins aussi bien que la cour désiraient la guerre : ici parce qu'on espérait qu'avec l'entrée en France des Autrichiens et des Prussiens ce serait la restauration de l'ancienne monarchie ; là parce qu'on tenait la guerre pour inévitable et qu'on voulait prendre l'offensive avant que les ennemis fussent pleinement préparés. Du côté de la coalition, au contraire, la guerre était chaque jour reculée, non certes par amour de la paix, mais parce qu'aucune des puissances alliées n'avait confiance dans l'autre. La Russie songeait à terminer la guerre de Turquie qu'elle était seule à conduire depuis la retraite de l'Autriche, et à rendre libre son armée pour la tourner contre la Pologne, qui osait revendiquer son indépendance. La Prusse savait qu'un nouveau partage de la Pologne était imminent ; elle n'avait pas abandonné ses projets et espérait obtenir par une alliance avec la Russie ce qu'elle avait cherché à gagner par une alliance avec la Pologne contre la Russie. L'Autriche, en cette occurrence, était pour toutes deux une voisine gênante, et toutes deux, elles cherchaient à pousser Léopold dans une guerre contre la France, pour avoir elles-mêmes les mains libres en Pologne. Mais Léopold

« flairait le rôti » et refusait de marcher, avant que la question polonaise ne fût tranchée.

François II, qui succéda à Léopold le 1er mars 1792, se montra mieux disposé : homme jeune, insignifiant, il provoqua, par ses exigences ridicules et ses âpres menaces, la déclaration de guerre de la France (20 avril 1792). On allait donc entrer en lutte, avant que le butin de la Pologne ne fût partagé. La Prusse elle-même ne put se dérober à une guerre, qui regardait l'Empire allemand et les alliés de Pillnitz. Mais on n'y mit aucune ardeur : on méprisait l'ennemi, on pensait, sur les avis des émigrés et d'espions, que toute la France restait fidèle au roi et ne souhaitait rien avec plus de ferveur que d'être délivrée du « joug » d'une minorité de terroristes : idée dont l'armée prussienne devait bientôt, à ses dépens, éprouver le mal fondé, mais qu'on retrouve encore aujourd'hui chez les historiens conservateurs. On comptait aussi sur la coopération secrète de Louis XVI qui devait paralyser les opérations militaires du côté de la France, calcul que le soulèvement populaire du 10 août réduisit à néant. Mais une des principales raisons qui rendaient les préparatifs de l'Autriche et de la Prusse si lents et si insuffisants, c'était que les « alliés » ne pouvaient toujours pas s'entendre au sujet du partage de la Pologne : déjà les troupes de Catherine de Russie envahissaient la Pologne, et la Prusse, qui, jusqu'en mai 1792, avait joué le rôle d'une alliée de la Pologne, jetait le masque et proposait un nouveau partage « pour la restauration de la paix et de l'ordre ». Pendant que les troupes russes écrasaient les Polonais abandonnés par leur alliée, la Prusse et l'Autriche ne menaient la guerre contre la France qu'avec mollesse ; toutes deux « louchaient » du côté de la proie polonaise. Rien d'étonnant, dès lors, si la campagne se termina d'une façon lamentable pour les coalisés.

La situation, l'année qui suivit, fut plus critique pour la France. L'Autriche fit de vigoureux préparatifs pour prendre sa revanche. Une série d'Etats entrèrent dans la coalition : l'Angleterre et la Hollande, qu'avait émues l'occupation de la Belgique par la France ; et, poussés par l'Angleterre, la Sardaigne, le Portugal, l'Espagne et Naples. En France même, des villes et des provinces s'étaient soulevées; la vieille armée était en dissolution, la nouvelle à peine organisée. Les anciens officiers aristocrates étaient écartés ou avaient fui ; et le nouveau corps d'officiers n'était pas suffisant. Les vieilles troupes de ligne avaient été en partie décimées dans la campagne précédente, la masse de l'armée se composait de recrues. Et, pour comble, les généraux trahissaient ou étaient peu sûrs ! Si le régime de la Terreur n'avait pas, avec une énergie de fer, mis toutes les forces de la France au service de la guerre, et opposé à l'ennemi, partout, des troupes dont l'enthousiasme et le nombre suppléaient au manque d'exercice et de discipline, la jeune République eût peut-être succombé sous l'assaut de la vieille Europe monarchique.

Heureusement, l'avidité des coalisés dépassait encore leur haine de la Révolution. Chacun des alliés voulait transformer la guerre en une bonne affaire ; aucun n'avait confiance dans l'autre, tous marchaient à leur propre compte, et, au lieu de frapper de grands coups, chacun se hâtait de s'emparer de l'objet de ses convoitises.

La Sardaigne réclamait de l'Autriche des renforts : on ne veut les lui accorder que si elle promet d'abandonner le Novarèse à l'Autriche sur les territoires conquis à la France. Là-dessus, grande rumeur en Sardaigne : un temps précieux est perdu, le déblocage de Lyon insurgé compromis, et l'invasion de la France par l'Italie échoue.

Les troupes anglaises, en Belgique, n'eurent rien de plus pressé que d'aller mettre le siège devant Dunkerque, port important, dont l'Angleterre convoitait depuis longtemps la possession. Les Hollandais furent bien vite fatigués d'une guerre qui ne pouvait leur apporter aucun dédommagement. Mais le plus important, ce fut l'hostilité croissante entre l'Autriche et la Prusse,

La Russie et la Prusse s'étaient entendues, dans l'hiver 1792-93, pour faire un deuxième partage de la Pologne. L'Autriche réclamait comme compensation la promesse d'un morceau du territoire français. La Prusse menaçait de cesser immédiatement la guerre contre la France, si l'Angleterre et l'Autriche ne consentaient pas au partage de la Pologne. Ces exigences mutuelles n'étaient pas faites pour rapprocher les deux puissances. Toute la campagne autrichienne n'avait qu'un but, s'emparer de toutes les parties de la France que l'Autriche convoitait, l'Alsace et une partie du nord de la France. Mais la Prusse, tout entière occupée en Pologne, ne se souciait pas de participer activement à une entreprise qui d'une guerre contre la Révolution dégénérait en une guerre de conquêtes au profit de l'Autriche. L'armée prussienne perdit beaucoup de temps devant Mayence et regarda ensuite, dans une inertie presque complète, les Français et les Autrichiens se battre en Alsace. Et lorsque l'Autriche se rapprocha de la Russie, la Prusse, craignant d'être trompée par sa nouvelle « alliée », interrompit presque entièrement la guerre contre la France, pour envoyer la plus grande partie de ses troupes du Rhin sur la frontière polonaise et s'assurer ainsi une part du butin.

La coalition de 1794 tourna plus mal encore. L'Angleterre et l'Espagne se brouillèrent ; en Pologne, au printemps, le soulèvement prit de telles proportions que les Russes n'en furent plus maîtres et que la Prusse dut leur venir en aide. On ne pouvait plus désormais songer à participer à une guerre contre la France, et l'Autriche elle-même ne pouvait plus tourner contre elle toutes ses forces. La dernière heure de la Pologne était arrivée, et l'Autriche dut mettre des troupes importantes sur la frontière polonaise, afin de ne pas être exclue du troisième partage, comme elle l'avait été du second. Si l'Angleterre n'avait pas tout mis en œuvre pour maintenir la coalition, elle serait dès ce moment déjà disloquée.

Pendant ce temps, la nouvelle armée révolutionnaire de la France s'était fortifiée ; elle avait développé une nouvelle tactique, originale, qui l'avait rendue supérieure aux vieilles armées, et du nouveau corps d'officiers étaient sortis déjà les généraux qui devaient faire de cette nouvelle armée la terreur de l'Europe féodale, les Hoche, les Kléber, les Moreau, les Bonaparte, etc. Tandis que les chefs de la monarchie féodale se disputaient le partage d'une proie non encore abattue, ils avaient donné à l'armée révolutionnaire le temps de parvenir à une grande puissance. Même si leurs armes avaient été heureuses, il eût été probablement impossible aux monarques coalisés d'écraser la Révolution, et, sinon en passant, de restaurer l'Ancien Régime. Mais si la République française de 1794 put surmonter l'assaut, ébranler si profondément la féodalité dans toute l'Europe, et l'abolir même dans les pays voisins, la cause n'en est pas le moins du monde dans cette avidité mesquine et bornée de ses adversaires, que nous venons de nous essayer à retracer.

Les adversaires de la Révolution se plaisent,

depuis quelque temps, à appuyer sur ce point pour diminuer — du moins ils le croient — la « Gloire » de la Révolution. Ce n'est pas par sa force interne qu'elle a vaincu, déclament-ils, c'est grâce aux fautes diplomatiques de ses ennemis.

Ces fautes ne contribuent pas, en vérité, à la gloire de la Révolution ; mais, à notre avis, elles contribuent encore moins à la gloire de ses adversaires.

Au reste, quoi qu'il puisse en résulter pour la gloire de la Révolution et de ses adversaires, nous sommes volontiers tout disposés à reconnaître que ce n'est pas seulement la force des éléments révolutionnaires, mais aussi et tout autant les fautes des coalisés qui assurèrent la victoire de la Révolution. Ce que nous contesterons toutefois, c'est que ces fautes, c'est que cette victoire aient été des accidents.

La discorde entre les cours, comme le divorce de la noblesse d'avec la royauté bureaucratique, par qui la Révolution fut si puissamment favorisée, étaient la résultante nécessaire des rapports sociaux. Ce ne sont pas là des événements isolés, accidentels, mais des phénomènes profonds et caractéristiques, qui se sont répétés sous des formes diverses depuis le temps où il y a des luttes de classes.

On pouvait croire que la vue du danger amènerait les puissances féodales à oublier leurs intérêts particuliers pour ne plus avoir conscience que de leurs intérêts généraux et à consentir des sacrifices momentanés pour conserver leurs privilèges permanents. Les conditions historiques, pourtant, faisaient défaut, pour que les privilégiés traduisissent en acte une manière de voir qui paraît si simple. Ils avaient perdu, au cours de l'évolution historique dont la Révolution était le terme, les qualités morales et intellectuelles qui les auraient mis en état de s'opposer avec énergie et avec ensemble à la poussée révolutionnaire. En perdant leurs fonctions sociales, les classes féodales n'étaient pas seulement devenues inutiles et superflues, elles avaient aussi dépouillé ces vertus morales qui naissent du travail. Jouisseuses, paresseuses, efféminées, elles avaient désappris à lutter pour un idéal, et à consentir à des sacrifices pour le reconquérir. Et ce n'était pas seulement moralement, mais intellectuellement qu'elles avaient chaque jour dégénéré. L'étude des rapports sociaux montrait d'une façon chaque jour plus claire l'inutilité et la nocuité des classes féodales. Et l'intérêt de classe les forçait de plus en plus, non seulement à s'opposer à la diffusion de cette vérité parmi le peuple, mais à y fermer elles-mêmes l'oreille, et à se bercer elles-mêmes d'illusions. A l'approche de la Révolution, elles revenaient à des idées anciennes, reflets d'un temps où la noblesse avait été nécessaire et utile, mais qu'elles ne comprenaient plus très bien elles-mêmes, les ressuscitant tout « idéalement » : elles donnaient dans le mysticisme, le spiritisme, le « romantisme ».

Les puissances de la société féodale étaient donc déjà en pleine décadence morale et intellectuelle, lorsqu'elles firent banqueroute politique. Incapables de consentir le moindre sacrifice provisoire, incapables de prendre un grand parti, incapables de comprendre même leur situation, il leur manquait tout ce qui aurait pu faire d'elles une réelle « masse réactionnaire ». Les différentes catégories de la société féodale étaient bien unies entre elles, mais comme des rats, dont les queues sont reliées ensemble, qui ne peuvent qu'avancer péniblement et qui, incapables de chercher eux-mêmes leur nourriture, finissent, dans leur insatiable avidité, par devoir se dévorer les uns les autres.

La confusion et l'esprit borné des classes féodales ne furent nullement des accidents : phénomènes aussi nécessaires que les luttes de classes à l'intérieur du Tiers-Etat, ce furent là des facteurs qui favorisèrent puissamment la Révolution.

On voit par là avec clarté que le développement social est le résultat des luttes qui éclatent non seulement entre les classes qui montent et celles qui descendent, entre ceux qui ont intérêt à conserver un état social donné et ceux pour qui l'ordre actuel est de plus en plus intolérable, mais aussi des luttes intestines dans l'intérieur de chacun de ces deux grands groupes. Chacune de ces luttes, quels qu'aient été les desseins des combattants, a favorisé la Révolution; si étrange que cela puisse sembler, il est pourtant incontestable que non seulement la désunion parmi les classes réactionnaires, mais aussi la désunion parmi les classes révolutionnaires fut un stimulant pour elle. Les antagonismes d'intérêts entre capitalistes et petits bourgeois, entre ville et campagne, furent à peine des obstacles : ils enflammèrent la lutte, accrurent l'énergie révolutionnaire, et, posant à la Révolution des buts toujours plus larges, la précipitèrent toujours plus avant.

Au contraire, les antagonismes d'intérêts, au sein des classes réactionnaires, affaiblirent leurs efforts, et les amenèrent non à combattre avec énergie et avec ensemble la Révolution, mais à ne penser, dans la chute du présent, qu'à sauver des intérêts éphémères. Au lieu d'éteindre l'incendie dans leur propre maison, les privilégiés cherchèrent à profiter du désarroi général pour piller le voisin, jusqu'à ce que tout l'édifice croulant les ensevelît, eux et leur butin, sous ses ruines.

TABLE DES MATIÈRES

Imp. spéciale de la librairie G. Jacques et Cie., 1, rue Casimir-Delavigne, Paris.

www.ingramcontent.com/pod-product-compliance
Ingram Content Group UK Ltd.
Pitfield, Milton Keynes, MK11 3LW, UK
UKHW022112190726
13855UKWH00002B/803